南京历史文化名人系列丛书

濮仲谦传

杨海涛 著

南京市文化和旅游局
南京市博物总馆 编

凤凰出版社

图书在版编目（CIP）数据

濮仲谦传 / 杨海涛著. -- 南京 : 凤凰出版社, 2019.12
（南京历史文化名人系列丛书）
ISBN 978-7-5506-3075-8

Ⅰ. ①濮… Ⅱ. ①杨… Ⅲ. ①濮仲谦一传记 Ⅳ. ①K825.7

中国版本图书馆CIP数据核字(2020)第003126号

书　　名	濮仲谦传
著　　者	杨海涛
责任编辑	尤丹丹
出版发行	凤凰出版社(原江苏古籍出版社) 发行部电话025-83223462
出版社地址	南京市中央路165号,邮编:210009
出版社网址	http://www.fhcbs.com
照　　排	南京凯建文化发展有限公司
印　　刷	江苏凤凰通达印刷有限公司 南京市六合区冶山镇,邮编:211523
开　　本	718×1005毫米　1/16
印　　张	6.5
字　　数	97千字
版　　次	2019年12月第1版　2019年12月第1次印刷
标准书号	ISBN 978-7-5506-3075-8
定　　价	68.00元

(本书凡印装错误可向承印厂调换,电话:025-57572508)

序 言

南京古称金陵、建邺、建康等，是素负盛名的“六朝古都，十朝都会”，与北京、西安、洛阳并称为中国四大古都。南京在历史文化上的独特性，体现在曾多次承担过中华民族救亡图存、走向复兴的历史责任与历史使命。在历史文化的视野下，把南京置于国家民族的历史长河中，探寻这座城市对于中华文明所起到的作用，会发现在中国历史上，没有哪一座城市像南京这样，与中华民族的命运如此紧密地联系在一起。

2500多年的建城史，450年的建都史，使得南京在历朝历代都涌现出许许多多为中华数千年文明作出过重要贡献的杰出人物，他们广泛地活跃在政治、经济、军事、文化、艺术、宗教、科技、曲艺等方面。在这些“立德、立功、立言”的杰出人物的身上，集中体现着中华民族精神的标记，印证着历史人文精神的深邃。虽然这些历史身影已随着逝去的时代而远去，但他们留下的物质或非物质的印记，作为后来者追慕先贤、思索人生、承继前行的路标，仍然是南京乃至中华民族弥足珍贵的文化资源和极其宝贵的精神财富，是中国历史文化脉络的重要组成部分，更是加快南京历史文化名城建设不可或缺的要素。

2014年初夏，南京市政府根据“十二五”规划文化建设中提出的传承创新、推动文化大发展大繁荣的要求，出于充分挖掘、利用南京在历史名人资源方面的优势，彰显南京独特的历史名人文化，进而发挥文化引导社会、教育人民、推动发展的功能，增强民族凝聚力和创造力的目的，要求南京市文化广电新闻出版局及其下属单位在调查研究的基础上，提出切实可行的南京历史文化名人展示工作的实施方案。

客观、科学地界定南京历史文化名人，按不同的时代、不同的系统梳理罗列出来，不是一件容易的事。新成立的南京市博物总馆文化遗产保护研究所具体承担了起草《南京历史文化名人展示工作实施方案》的工作，在经过了近一个月披沙拣金般的梳理与遴选后，研究所的同志们按时交出了一份包括近400位待选的南京历史文化名人小传的征求意见稿。此后，在南京市委、市政府、市政协主要领导的关心与支持下，南京市文化广电新闻出版局就如何实施南京历史文化名人的弘扬与展示工作认真调研，反复斟酌，并召开了多次由市领导与南京大学、南京师范大学、南京博物院等专家学者参加的专题论证会，最终在集思广益达成的共识的基础上，甄选出首批共79位在南京乃至国内外都有一定历史地位、在彰显南京历史文化方面具有一定代表性的南京历史文化名人，并确定了在深入挖掘其内涵的基础上，采用雕塑创作、遗址与博物馆建设、遗迹修缮、深度挖掘出版、文艺创作等5种向全社会推介展示这些南京历史文化名人的方式。

这其中的深度挖掘出版方式，指的是在采撷、整理文献史料的基础上，编辑出版以南京历史文化名人为系列的名人传记或故事，适用于那些历史文献和地方志书中虽有明确记载，对南京历史文化发展也有较大影响，但其相关遗迹、遗存尚不确定的南京历史文化名人，藉以系统地呈现南京历史文化，进一步增强南京文化软实力与综合竞争力。采用深度挖掘出版方式予以宣传推介的南京历史文化名人的人选，包括三国时期的书法家皇象、佛经翻译家支谦，东晋时期的道教学者葛洪、美术家戴逵、名僧暨佛经翻译家法显，南朝刘宋时期的天文学家何承天、史学家范晔、文学家刘义庆，南齐的开国皇帝萧道成、画家陆探微、诗人谢朓、美术评论家谢赫，南朝齐梁时期的文学批评家钟嵘，唐代诗人王昌龄，明代文学家宋濂、学者焦竑、书法篆刻家文彭，明末清初的竹刻艺人濮仲谦，清代文学家方苞，近代建筑设计师亨利·墨菲共计20人。该项工作由南京市文化广电新闻出版局负责。

考虑到社会影响并兼顾大多数人的接受程度，南京市文化广电新闻出版局与南京市博物总馆的主要领导认为《南京历史文化名人系列丛书》的编撰和出版工作应尽可能达到如下几点要求。一是实事求是，科学取舍。要运用历史唯物主义观点和方法收集资料，去粗取精，去伪存真，力求内容的史料性、思想性和资料性的统一。在尊重历史真实的前提下，对涉及政治、民族、宗教等重大敏感问题，在史料取舍与叙述上，谨慎科学处理。二是主题突出，详略得当。在具体的文字内容上，应包括上述各南京历史文化名人的生平事迹、主要成就及其对后世的影响，并尽可能将每个人物的成就及其与南京之间的关系或联系，在书中予以浓墨重彩地展示。三是深入浅出，通俗易懂。丛书的篇幅不宜过长，避免阳春白雪、曲高和寡，编撰行文应言之有物，但在行文中仍然务需严谨、规范，所使用的材料要求有来源、有依据，注重和突出面向大众的宣传、推介效果，争取较强的可读性，力求做到雅俗共赏。四是图文并茂，引人入胜。作为一部介绍历史名人的图书，在诸方面要凸显其文化特点和艺术魅力，每本书宜在行文中都配附一定数量、与书籍内容相关的图片，做到图文并茂，雅俗共赏。

这样一套面向社会大众的普及性质的读物，自然不宜高头讲章般的满是庙堂之气，但学术层面的严谨和求实，也都必须遵循而丝毫马虎不得，因而对于编写工作的要求其实是相当高的，所以寻找合适的作者自然也就成了让人头疼不已的事。在这一方面，南京市博物总馆下辖的文化遗产保护研究所为之付出了艰苦的努力。

我们编纂这套《南京历史文化名人系列丛书》不仅仅是为了让来者见贤思齐，心追范式，更主要是为了让后人通过读史而能自省，深入发掘、总结、提炼中国历史文化中的优秀精神，推动社会主义精神文明和物质文明协调发展，古为今用，洋为中用，把中华民族的优秀传统转变为现实中有生命力、有影响力的东西，从而进一步增强民族自信心和凝聚力，为促进中国特色社会主义文化建设的健康发展，激发全民族文化创新创造活力，不断铸就中华文化新辉煌，尽一份绵薄之力。

鉴于《南京历史文化名人系列丛书》所涉部分历史人物可资参阅的史料极其有限，加之编写时间匆促，本书难免存在这样或那样的缺憾。在此诚恳希望专家读者多加指教，以便有机会再作修改与补充。

2018年3月

目　录

引　言

1934年，朱自清先生写下了隽永的短文——《南京》，文中说“逛南京像逛古董铺子，到处都有些时代侵蚀的遗痕。你可以摩挲，可以凭吊，可以悠然遐想”。朱先生可以摩挲、凭吊的南京古迹有六朝古意，也有大明遗韵。

的确，自公元1368年，明太祖朱元璋定都应天府（今南京），建立了中国历史上一个由汉族建立的中原王朝——大明王朝。可以说，明代是南京历史上最辉煌的时期，至今南京还有很多明朝遗迹可以追寻，那些经历了岁月的历史遗存，都在这座古城的幽幽之旅中留下了深深的印痕，浸染了一种难以言表的文化意味。

明代中期，意大利的天主教耶稣会传教士利玛窦来到南京，眼见南京的美丽和繁华，赞叹道：“在中国人看来，论秀丽和雄伟，这座城市超过世上所有其他的城市；而且在这方面，确实或许很少有其他城市可以与它匹敌或胜过它。它真正到处都是殿、庙、塔、桥，欧洲简直没有能超过它们的类似建筑。在某些方面，它超过我们的欧洲城市。……在整个中国及邻近各邦，南京被算作第一座城市。”

明代的南京，繁华而喧闹，百业繁荣，百艺荟萃。在明代中后期，这里曾经居住过一位伟大的雕刻工艺家。工艺家出生在哪里也不可考，但他一生最辉煌的时间是居住在这里。每当工艺家短暂离开她的时候，便对这里生出无穷的思念，因而最终又回到这里来。最后，工艺家有没有在这里“终老”，并在这里留下自己的坟茔，也湮没在历史中无人知晓。但他的作品和精神将与这里的古意盎然的风光一样永世同在。在工艺家活着的时候，曾经历了无数坎坷。面对着污浊的官场和昏暗的政治，目睹着权力角逐中一个个风云人物满心私欲、面目虚伪、手段毒辣，他心中曾产生了极大的愤恨与厌倦；然而他对自己所钟爱的技艺却始终有着深厚的情感。他特别地喜爱山川流水及草木田禾，也对历史上的高贤有着无限的敬仰。工艺家在这里雕刻下了许多古朴清俊、幽思绵绵的作品，不仅淋漓尽致地抒发了自己的感情，真切地记录了自己向往的田园式的生活，也描绘了自然风光。工艺家不断地从大自然和生活中发现各种美，并把它们奉献给了人类。这位雕刻工艺家就是濮仲谦。

第一章　明代南京的手工业和工艺美术

南京位于我国江苏省的西南部，毗邻长江，是我国一座具有两千四百多年历史的著名古城。考古发现，远溯到距今四五千年前，南京的长江北岸大厂镇的庙山和现在的鼓楼岗一带就有先民建立原始的村落。自公元前472年设邑筑城以来，先后有东吴、东晋、宋、齐、梁、陈、南唐和明朝等封建王朝在这里建过都城。南京的繁华始于六朝。由于北人南迁，在六朝极盛时代，南京地区西自大江，东达倪塘（今方山稍北），南自石子岗（今雨花台），北逾蒋山，广袤四十华里，人口超百万，成为南北朝时代第一大城市。

六朝过后，南京仍是全国举足轻重的大都会，经济文化高度发展。但由于不再是政治中心，南京不再引人注目。经过一段时间的沉寂，南京作为明初政治中心再次进入人们的视野，后来两京制正式确立，南京政治中心地位被北京取而代之。但南京因未受元末大战乱的影响，社会经济基本未受到破坏，加之明初建都南京，太祖朱元璋十分重视对南京经济的恢复与发展，所以南京在整个明朝都始终占据经济中心的地位，让统治者不能对其忽视。而这其中表现之一就是工商业经济的发展与崛起。以手工业为例，明初南京手工业匠户计有45000余户，近20万人，而当时全国匠户总共20多万户，南京匠户就占全国总匠户数的五分之一左右。由此可见，南京自明初开始就占据劳动力优势，而这也为手工业的发展提供了充分条件。南京手工业分工明确，种类齐全，尤其是在丝织业、造船业、印刷业等方面发展突出。手工业和市场主要种类在东起大中桥，中为镇淮桥的地区分布集中。留都南京的商业区主要集中在秦淮河两岸，西到三门山，从大中桥向南经大功坊至聚宝门一带，以及由三门山到大功坊的一带，这一地区的中心地带三山街尤为闹市区。在这一带内，集中了大小市场几十处，如绸市、鱼市、花市、北门桥市等，其中商业店铺林立，如“义兴油坊”“专染纱罗”“京式小刀”等，足可见明代南京城商业和手工业的繁荣情况。

明代中后期，由于商品经济的发展，城市繁荣，尤其是东南沿海一带资本主义萌芽和市民阶层的产生，并与文人士子相互接触，扩大影响，反映在文化方面则表现为市民文化的兴起。就其代表者而言，市民文化包含两部分人群。一是具有早期启蒙性质的思想家的崛起，如王艮、何心隐、李贽等人，他们较多地摆脱了传统理学的束缚，提出重商、反专制的内容。二是致力于市民文学创作的文学家，如冯梦龙、凌濛初、汤显祖等人，他们代表市民的意愿，以文学、戏曲的形式反映当时市井生活及其心态，反映了当时江南、东南甚至整个南方地区市民文化的发展，也体现出当时南方商品经济的发达。

明代经济的繁荣和文化的发达，催生了手工业包括手工艺和工艺美术的兴盛。在手工业与工艺美术领域，园林艺术专著《园冶》、木工专著《鲁班经》、漆艺专著《髹饰录》以及科学记述百工的著作《天工开物》都诞生在明代。此外，明代对外贸易繁荣，在频繁的交往中引进了国外的各种原料与技术，为工艺美术领域的不断拓展奠定了基础。

在手工艺品中，雕刻是应用最广的技艺。中国的雕塑艺术发展至元、明时期，远离城市的大型佛教石窟雕像大大减少，甚至渐渐绝迹。而城市中世俗化的庙宇宗教造像艺术却得到了很大发展。同时，随着城市商业的发展，从北到南，扬州、南京、苏州一线的东南地区在15世纪中期以后，商贾云集，贸易频繁，甚至出现了资本主义萌芽，促进了手工艺的发展和繁荣。漆雕、玉雕等工艺技巧无不超越前古，呈现出空前繁华的景象。明代中叶，包括象牙、竹木、犀角、果核等有机材料的各类精细工艺雕刻品生机勃勃地流行起来。其题材内容主要是历史故事、神话传说、山水庭园、人物花鸟等。其用途或为大型器物之装饰，或为文房用品，或为案头、几架的摆设、清供，或为小型的宗教偶像。这些雕刻工艺品造型生动，技艺精湛，富有现实主义气息。这类雕刻工艺品，早在唐宋时代，特别在宋代已经有所成就，但只是成型而非成熟。到了明代中后期，社会风气转变，它们成为时代宠儿而呈现出空前的兴盛景象。在从事这类雕刻的艺人中，不但有专业的手工艺匠，而且也有能书善画的文人。这样，这些雕刻工艺品就因染上了文人艺术的色彩而身价倍增。

南京明代手工业以丝织业、造船业、印刷业为发达，但在工艺美术领域主要表现在丝织品、折扇和竹刻等方面工艺水平比较高。丝织品主要是南京云锦等锦缎匹料的生产。折扇和竹刻工艺的发展有一定的关联和因果关系。关于折扇起源，有“中国说”“高丽说”“日本说”。但现代形制意义上的折扇大约在明初传入中国，明人陈霆在《两山墨谈》中称“宋元以前中国未有折扇之制”。明人陆深在《春风堂随笔》中称折扇“永乐间始盛行于中国”。在明代统治者的大力推崇之下，折扇得以兴起，在原有的技艺基础上吸收外来技艺，促进了其制作工艺的发展与进步，为其大量流传奠定了基础，逐渐使折扇的使用成为习俗。折扇之所以被人青睐，就是因为其扇面有书画家的佳作，有着丰富的文化艺术内涵。与此同时，扇骨也逐渐发展成为书画家和文人雅士们创作的重要艺术载体。明代的折扇艺术在花色与品种方面非常繁多，主要的题材为四季花鸟、庭园山水等，此外也有大量以人物故事、动物为题材的扇面，所有这些题材的折扇都体现出精致、高雅的特点。折扇在明清之际的南京十分流行，成为传统工艺品种，称为“金陵折扇”。在南京地区的迅速流行主要是由于明清时的南京为江南科考重地。最初，金陵折扇仅供皇室赏玩，在后来的发展过程中逐渐流入民间，成为文人的高档赏玩之物。在南京的江南贡院考试完成之后，参加科考的文人都会选购一些折扇，逐渐就促进了金陵折扇的迅速发展。在金陵折扇兴起之后，扇骨的雕刻艺术也逐渐受到重视。一般情况下，扇骨选择竹子作为原材料，其中以湘妃竹最佳，此外也存在各种木材、象牙等材料的扇骨。在扇骨制成之后，往往会在扇骨的大边上进行雕刻，主要的技法包括镂刻、雕琢等。为了能够促进折扇档次与价位的提高，部分折扇会采用满雕、全雕的方式，内容更加饱满充实。明代以来，擅刻扇骨的竹刻名家已不乏其人。“明末四公子”之一的陈贞慧在其所著的《秋园杂佩》中记载了当时的制扇艺人蒋苏台、柳玉台，他们刻的扇骨为“雕边之最精”。明代擅长扇骨竹刻的还有本书的“传主”濮仲谦等人。

就手工艺品地位的提高方面来说，明朝中后期，商品经济在南京及整个江南地区得到极大发展，经商致富者不计其数。社会生活取向渐趋奢侈浮华，追求珍奇宝货，一些精美的手工艺品成为贵族官僚、富商大贾、文人雅士争相追逐的奇货。由此造成手工艺品的需求激增，价格亦不断上涨。以前文所述明代金陵折扇为例，手工艺人蒋苏台善制折扇，称得上是绝技，据明代文学家沈德符的《万历野获编》记载“一柄至值三四金，冶儿争购，如大骨董”。同时手工艺人的地位也日益提高，如《万历野获编》中曾记载朝中权贵与手工艺人联姻一事：“新安人例工制墨，方于鲁名最著，汪太函司马与之连姻，奖饰稍过，名振宇内。所刻《墨谱》，穷极工巧。”这里的汪太函即汪道昆，号太函，时任兵部侍郎。方于鲁则是明代与程君房齐名的制墨大家。这种情况在以往朝代是几乎没有过的。长期以来，手工艺一直被视为奇技淫巧，很难登大雅之堂。手工艺者在文人雅士眼里被视为匠人，并耻与为伍。在官员权贵眼里，手工业者被视为下等阶层，常常受迫害，像朝中权贵汪太函与墨工联姻之事更是不可能。而到明中后期，由于经济的繁荣发展，社会风气的改变，工艺品、手工艺者的地位广泛得到社会的认可，文人雅士兼做匠人，自己设计、自己制作，一度变得很时尚。名匠人在官员权贵那里也能被待为上宾，得到追捧。这充分反映出当时市民文化或者说是俗文化对雅文化的渗透程度之深。

根据文献与实物遗存，可以证明在明代以后文人有参与工艺制作的风尚。主要涉及的类别有印章、制砚、制墨、刻铜等。其中以文人篆刻最具代表性，本来是工匠所为的事，经过文彭、何震等人提倡，成为与书画并列的“篆刻艺术”。另外，制砚的有清初诗人黄莘田，刻铜的有清末民初的画家姚茫父，都是一时名手。可见文人艺术家由于实用和审美的需要，更多地介入到带有工艺制作性的创作中来，使创作的作品从“工艺品”跃为“艺术品”。关于文人动手治竹，清人汪启淑所著的《飞鸿堂印人传》记载了一个典型事例：乾嘉时期著名金石篆刻家潘西凤，一日在黄岗岭扫墓，得奇竹一，裁制为琴，音调清越，以余枝制为竹印，分赠至友，风行一时。而潘西凤制竹的传统实际上来源于明末。

再者，从我国匠户制度的演变发展过程来看，明代初期朝廷对匠户的户籍控制得十分严格，工匠的人身自由被朝廷和官府管制，社会地位极为低下，工艺创作思想也受到禁锢。但自宣德时期(1426—1435)起，工匠的社会地位开始改变。至正德、嘉靖以后，匠户制度逐渐走向松散，艺术工匠的创作思想日渐解放，给这一时期及以后雕刻艺术的发展，创造了有利条件。

在这种背景下，濮仲谦和金陵竹刻的崛起有了浓厚的人文氛围和肥沃的艺术土壤。

第二章　明代及明以前的竹刻艺术

濮仲谦竹刻艺术的兴起，并不是突然的，它有很深的历史渊源。回溯数千年的中国竹植物利用史，可以说，濮仲谦的艺术成就就是以数千载匠人之心，精雕细琢，淬炼技艺，传承而来。

中国是竹类植物生长分布非常广泛的国家。在历史上，北至黄河流域，南达海南岛，东起台湾，西迄西藏东缘的广大区域皆有各种竹类分布。仅从文献记载的一鳞半爪，就可一窥竹在中国之盛。例如，汉以前的黄河中下游的渭河平原一带，产竹丰富，深受重视，《史记·货殖列传》记载："渭川千亩竹。"入汉以后，这里成为官营竹园之一，设官吏管理，称司竹长丞。不仅渭川，还有河南淇县一带的竹子，也极负盛名，早在商代，淇园就是官属竹园。《诗经》中有《卫风·淇澳》咏之："瞻彼淇奥，绿竹猗猗。"南朝戴凯之所编画竹专论《竹谱》就记载了40多种竹名和性状。

中国先民利用竹子作日用的器具，历史也非常久远了。伴随着人类的进化和原始社会聚落的产生，在南方竹产区，竹工具和竹器具就开始出现并被广泛应用了。《吴越春秋》中记载了一首创作于先秦时期的反映原始社会狩猎生活的《弹歌》，其诗曰："断竹，续竹；飞土，逐肉。"全诗仅8个字，写出了用竹制作工具到进行狩猎的全过程。竹材不易保存，远古实物发现较罕见。根据考古发现，目前发现的史前实物中，江苏常州新石器时代早期（约公元前6000年）的矛形竹器是目前已知的最早的成形竹制品。大概自商周奴隶社会起，随着社会规模和人口规模的日益扩大，竹器具逐渐兴盛起来。竹子的应用也随之进步，除了日常用具，还主要用于建筑和渔业。当然，也用于首饰。据《仪礼》记载，女子年满15岁，就被看作成人，要举行"笄礼"，挽髻插笄。"笄"字从"竹"，竹笄是古代发笄的最早形式之一。只是竹笄易朽，难以保存，故在新石器时代墓葬中多见骨笄，有的刻有简单的花纹，难觅竹笄的踪影，推测当时的竹笄也应该有简单的雕饰。若如此，中国的竹雕艺术史当可上推数千年，尽管那时的艺术还是非常原始、非常幼稚的。考古发现的春秋战国的竹制品，集中在两湖两广及河南、四川部分地区，品类丰富，有竹席、竹帘、竹扇、竹网、竹篓、竹篮、竹筒、竹弓、竹矢、竹矛等，以及用作文具的构件如笔杆和用作肩舆、车舆的构件等。这些竹工具和竹器具实用功能很强，但艺术性一般。

有意识地拿竹子作为素材，将它制成精巧的工艺美术品却比较晚。根据古代文献记载，虽然早在西周时期，就已经有了竹刻工艺品，但局限于竹简和竹笏。《礼记·玉藻》："士大夫饰竹以为笏，是用竹于典仪，且有文饰之施焉。"20世纪70年代初，在湖北江陵拍马山19号战国墓出土的髹漆三兽足竹卮应该是迄今为止发现的中国现存最早的竹刻艺术品。其他较早的实物，还有西汉马王堆一号墓出土的雕龙纹髹漆竹勺柄。（图一）1957年至1959年，在汉墓中曾出土两枝竹杆毛笔，1957年出土的刻有"史虎作"，1959年出土的刻有"白马作"。这些有竹制品，是研究竹刻历史的重要资料。

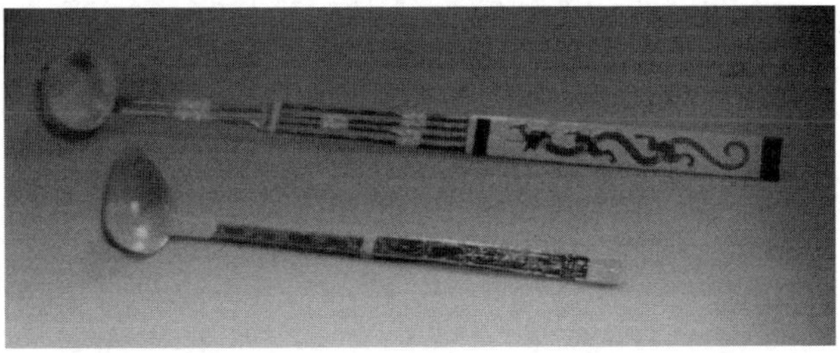

图一　西汉马王堆一号墓出土的雕龙纹髹漆竹勺柄

南北朝时，文人士大夫阶层已对竹这种植物十分垂青了，并把它赋予精神品格。《晋书》记载王徽之常居空宅中，便令种竹，以闻其声。徽之啸咏曰："不可一日无此君。"《晋书·载记》曰："长安又谣曰：'凤皇，凤皇，止阿房。'（苻）坚以凤皇非梧桐不栖，非竹实不食，乃植桐竹数十万株于阿房城以待之……"南北朝时期没有竹刻作品实物传世，但《南齐书》卷54载，明僧绍隐于山中，齐高帝（479—482年在位）闻其名，诏他为员外郎。明僧绍以病推辞不就，齐高帝乃赐竹根如意。既是御赐，该如意的制作想必是相当讲究的了。这是文献中所记载的最早的竹制圆雕器物。北周文学家庚信的《奉报赵王惠酒》诗，开篇有“梁王修竹园，冠盖风尘喧”。诗中有“野炉然树叶，山杯捧竹根”之句，也提及用竹根雕制而成的酒杯。说明南北朝时期，已出现根雕艺术。另外，宋无名氏《致虚阁杂俎》：“羲之有巧石笔架，名‘扈班’；献之有斑竹笔筒，名‘裘钟’，皆世无其匹。”从文献的零星记载来看，竹刻艺术品当是绵延不绝的。此时段没有竹刻作品实物传世，是因为竹刻自身的易腐性，造成了实物流传形成很长的空白期。

隋唐时代的竹刻实物也非常罕见。据宋代郭若虚的《图画见闻志》记载：“唐德州刺史王倚家，有笔一管，稍粗于常用笔管，两头各出半寸已来，中间刻《从军行》一铺。人马毛发、亭台远水，无不精绝。每一事刻《从军行》诗两句……似非人功。其画迹若粉描，向明方可辨之，云用鼠牙雕刻。”从这段记载来看，笔管上的雕刻非常精细，已接近微雕，可见唐代刻竹已有较高水平。现今所见传世竹雕器物中，以存于日本京都正仓院的唐代竹雕乐器尺八为最早。此笛遍体以留青阳文的技法雕出花草、流云、树木、禽、蝶、弹琵琶仕女及站立的仕女等。

宋代的詹成是擅长雕竹艺术的工艺名家，元代陶宗仪在《辍耕录》里记有：“詹成者高宗朝匠人，雕刻精妙无比，尝见所造鸟笼，四面皆花板，皆于竹片上刻成宫室、人物、山水、花木、禽鸟，纤悉俱备，其细若缕，而且玲珑活动，求之二百余年，无复此一人矣。”由于唐宋时期竹雕还没有完全形成专门的艺术门类，故当时的文献记载及流传实物极少。但宋苏东坡曾有言：“宁可食无肉，不可居无竹。”在当时古人对竹的感情是很深的，竹子的“傲雪凌霜”“气节”与古代文人精神相契合，因此拥有“君子”的美誉。而在竹制品上面雕刻装饰图案和文字的竹雕（又称竹刻）则将这种文化和精神表达得更加透彻和通俗。黄庭坚《对青竹赋》就有“故吴楚无竹工。非无竹工，妇能织缉之器，儿能鸡鹜之笼”的论述。可见当时竹刻及竹制品在南方十分普及。宋代的竹刻遗物在考古发掘中也有发现。位于宁夏银川市西，西傍贺兰山的西夏王陵区8号帝陵出土了雕有庭院、山水、树木、花卉、人物的残存竹片，左上角有一圆孔可能是盘类边缘装饰中的一段。（图二）竹片竹刻可能反映的是铁杵磨成针的故事。两袍服人物一为李白，一为老婆婆。人物生动，刻工精细，图案颇富绘画趣味，是一件精心雕刻的艺术品。西夏疆域内在当时并不产竹，这件相当于南宋时期的作品，很可能原是江南的产物。如果把它和詹成的鸟笼联系起来，不难看出宋代竹器上的雕刻正在努力突破平面浅刻的局限。

图二　西夏庭园人物竹雕残片

明中后期，社会风尚一反明初的"非世家不架高堂，衣饰器皿不敢奢侈"的简质风尚，社会生活靡然向奢。大致在万历初期以后，最先在士大夫中形成了一股尚奢的风习。当时的首辅张居正就性喜奢华，每天的服饰都是鲜美耀目，膏泽脂香，早晚随时更换。在这种风气的影响下，士大夫之间以华整相尚，以寒酸不足取。不仅高官显贵如此，一般官僚也毫不逊色。《三垣笔记》记载，湖广巡按御史王骥，每饭吃鸡羹一盂，非鸡腿不食，所以仆人每次就需杀三只鸡做一鸡羹，剩下的鸡肉都抛弃不食。烹鱼吃时，必须先将燕窝放到鱼腹内才吃，否则不食。

在这种社会风尚的变迁中，"导奢导淫的是绪绅士大夫，他们绣户雕栋，花石园林，原本古雅简朴的竹器，也开始精雕细琢，成为他们爱不释手的案头文玩。流风所及，一般市民也莫不群相蹈之"。从明朝中叶开始，竹雕艺术最为发达的东南地区相继出现了一批技艺高超的竹刻艺术家，形成了不同的流派，推动了竹刻艺术的发展，其中影响最大的是朱鹤所创的嘉定派、濮仲谦所创的金陵派，以及稍后于这两派、由张希黄所创的浙派。

被尊奉为嘉定竹刻创始人的朱鹤，字子鸣，号松邻，嘉定（今属上海）人。主要活动于明正德、嘉靖（1506—1566）年间，他工诗善画，通古篆，能刻印，但他最擅长雕镂，经常以余枝雕竹筒，作为书案插笔之用，由于雕刻精巧，为时人所赏识，争相请为奏刀，由此声名鹊起。他所制的竹替和竹丛，世人极喜爱，得其作品者，往往直呼器物为"朱松邻"，王应奎《柳南随笔》云:"今妇人之簪,有所谓'朱松邻'者,即以创始之人名之耳。"名士郑若庸曾作《松邻子歌》赠与他,由此可见其作品之风行。朱松邻雕竹以南宗画为正法,又揉合北宗笔法,创造了深刻技法。他认为竹刻如不透雕深雕,就不称其为雕刻。朱松邻的传世作品极其罕见,目前能确定为真品的仅见一件,即南京博物院所藏的松鹤笔筒。这件作品雕刻细腻逼真,刀法透剔洗练,布局繁而不乱,层次分明,具有极高的竹刻艺术水平。

秉承家法,继朱松邻而起的是其子朱缨。朱缨,字清父,号小松,他自小多才多艺,广涉博为,工小篆及行草,画以气韵见胜,于竹刻造诣更深,以雕仙像最精,意旨精妙,刀法神爽。《竹人录》记载他刻竹木为古仙佛像,鉴者比于吴道子所绘。刀下皆"须眉欲动,各俱情态"。朱缨天性耿介,清高自重,作品往往在酒醉后雕制,兴至则作,意尽则止。作品极为难得,现藏上海博物馆的明墓出土的刘阮入天台香筒是其代表作。朱缨有子三人,均好刻竹,其中尤以三子稚征成就最高。

朱稚征,号三松,主要活动于明万历至崇祯(1628—1644)年间,陆扶照《南村随笔》称其"雕刻刀不苟下,兴至始为之,一器常历岁月乃成"。三松刻竹,刻法精雅,所制人物臂搁、笔筒之类,得其神采,生动自然,其竹刻笔筒流传至清宫中,嘉庆帝有"传神只作萧疏笔,经久由来以朴存"的誉词。朱氏祖孙三人,以卓绝的竹刻技艺,被后人称为"嘉定三朱",影响深远。"三朱"对竹刻艺术最重要的贡献是开创了以画法入竹,他们充分发挥了自己工诗善画的特长,将诗画的一些技巧,如章法对比呼应、气韵、意境等融入竹刻中,形成前人没有的艺术格调。他们刻竹的另一个特点,是被后世极力模仿的以高浮雕和透雕为主的深刀刻法,这种刻法,在竹材上拓展较大的游刃空间,借以表现丰富而立体的画面层次,使情景人物更具真实性和感染力。

与"三朱"所创的嘉定派刻法迥然不同的是金陵派竹刻。金陵派竹刻是后世认为在明末清初与嘉定派并称的派别,但人员和作品远逊于嘉定派,能够并称是因为其创始人的艺术成就和影响非常高。金陵派竹刻创始人濮澄,字仲谦,金陵人,生于万历十年(1582),卒年不详,清初尚健在。他刻竹有巧思,善选材,相形度势,随形赋意,刻画数刀便成名作,作品朴雅而不失精致,世人评价其对竹器"不事刀斧""勾勒数刀价以两计",

说明在当时就为世人所钟爱。据明人张岱的《陶庵梦忆》记载，濮澄所居的金陵三山街一带，靠卖他的作品获厚利的有数十人之多，而他却“赤贫自如”。濮仲谦人品、作品皆得时人称道。濮仲谦所开创的“不事刀斧”浅刻、简刻风格，奠定了金陵派的明代竹刻。濮仲谦的创作方法实际上在雕刻中早就有了：汉代霍去病墓前的石雕即用此法，在玉雕中更是常见，即近代工匠的“随行”的做法。

除嘉定和金陵两大流派外，明末还出现了张希黄所创的浙派。张希黄，本名宗略，字希黄，浙江嘉兴人。张希黄擅长“留青”竹刻技法。留青又称“皮雕”，这是一种在竹子的青筠（竹皮）上雕刻的技法，刻去青筠处露出竹肤为地，留下青筠处微微高起为花纹，经过数年之后，留青处泛呈微黄，竹肤则颜色愈深，色泽与质地的对比构成图案。留青的工艺手法，唐代时已有了。日本正仓院所藏唐代尺八乐器上就有此种技法，但张希黄所作，要采取青筠全留、多留、少留或不留，分出层次，形成色彩从深到浅，自然退晕的效果，使留青技法发展到了一个高峰。张希黄的作品往往将精细的构思和绝妙的制作工艺浑然融为一体，似带有文人气息的工笔画，并创了高雅淡泊、巧而不媚的浙派风格。清人李葆恂《旧学庵笔记》载张希黄竹刻山水臂搁事，“凡云气、夕阳、炊烟，皆就竹皮之色为之。妙造自然，不类刻画”，道出希黄运用竹筠之妙。明代的竹刻艺术虽有嘉定派、金陵派、浙派之分，但主流还是嘉定派、金陵派，这两派艺术开创者对竹刻的贡献巨大。

由于中国古代儒家“重道轻器”的思想，记载手工业者和工艺家的生平和创作的文献非常少，匠人们著书立说、阐述工艺思想的现象在明代以前更是极为罕见的。尽管在宋代、元代分别有喻皓撰的《木经》与薛景石所著的《梓人遗制》传于后世，但两书中对匠人技艺的论述也仅是一笔带过。明代以后，这种情况有所改观，这是由于社会风气的变化，使得文人更多地关注和参与了工艺制作，一些记载和描述工艺家和工艺创作的文献开始出现。匠人技艺原有口传心授的方式也得以改变，出现了通过文字传承技艺的现象。突出表现在明代工艺家的设计著作出现并逐渐增多，目前得以流传下来的就达十数本之多，其中比较著名的有黄成《髹饰录》、午荣《鲁班经匠家镜》、计成《园冶》、姚承祖《营造法原》等。另外，不是工艺匠人的宋应星在本人从事实践的基础上，经过长时间的调查、搜集、整理、研究后，写出了《天工开物》这部有关手工业方面的著作。它详细地记述了各手工艺门类从原材料到成品的全部生产过程的情况。包括衣装、丝织、印染、陶瓷、铸造、金工、珠玉等各种手工艺。为研究明代工艺美术的重要资料，有“中国17世纪的工艺百科全书”之誉。此外，在文人的文集中也对各种工艺有着大量的记录。例如，明代文学家、戏曲家屠隆(1543—1605)的《考槃馀事》介绍了书版、碑帖、纸、墨、笔、砚、画、琴、香、茶、炉、瓶及起居、盆玩、文房等一切器用服饰之类，全书所列名目较为琐碎，涉及大量工艺，论述也较为详尽；午荣的专著《鲁班经》中详细地介绍了民间木匠工艺的情况，真实地描绘和记述了各种木工技艺，同时，也体现了当时的审美水平；文震亨的《长物志》分室庐、花木、水石、禽鱼、书画、几榻、器具、衣饰、舟车、位置、蔬果、香茗等类目，涉及现代学科中的建筑、动物、植物、矿物、艺术、园艺、历史、造园等方面，可谓包罗万象。文中详尽地描述了各式各样摆放古董文玩的博古架和书橱，摆放香炉和鲜花的香几和花几，摆放古琴的琴台和琴桌，摆放笔墨纸砚的书画台案等。全书最为核心的部分，为园艺、建筑、艺术等内容，对举凡衣、食、住、行、用等各个方面的生活日用文化及其精神追求，进行了概括性的描述，对明代中晚期文人的生活方式作了百科全书式的概览，使之成为研究明代中晚期物质文化、建筑营造、文人生活必不可少的参考书籍之一，是古代造物艺术理论的代表性著作，具有极为重要的文献价值。对于明代工匠设计思想进行理论总结的文献，有曹昭著的《格古要论》，高濂著的《遵生八笺》，王圻、王思义著的《三才图会》，戈汕著的《蝶几图》等，这些设计思想的归纳与总结为工匠精神的现代传承提供了可以参照的依据，同时对各种再设计、再创造提供了可资借鉴的理论平台。

然而，大量记载竹刻和各类雕刻的文献却不多，大多散见于上述文献的一些论述中，涉及竹刻艺术家的文献，仅有张岱的《陶庵梦忆》等数种，入清后略多，出现了刘銮的《五石瓠》、金元钰的《竹人录》。特别是《竹人录》，为专门记载竹刻名家和竹刻艺术的专著。书中记载，明代出现了金陵派和嘉定派。但该书作者是嘉定人，所以专论嘉定派。上卷溯其源流，叙其特色，下卷则摘录前人诗文，以备考证。上卷记载的竹刻工艺家起自明代正德年间(1506—1521),迄于清代嘉庆十二年(1807),共有70名,其中明代6名,分别是朱鹤、朱缨、朱稚征、侯崤曾、秦一爵、沈大生。清代64名,包括沈兼、沈尔望、王易、周乃始、封锡爵、封锡禄、封锡璋、施天章等人。《竹人录》是研究古代竹刻工艺及其技术、历史的主要依据,有着重要的史料价值。但《竹人录》对于濮仲谦却是一笔带过。然而,这并不能抹杀濮仲谦的艺术成就,《竹人录》里嘉定竹刻甚为繁荣,形成了一支人数众多的竹刻工艺家队伍。濮仲谦开创了人数相对较少的金陵派,却能与之抗衡,与濮仲谦自身的持之以恒、不懈努力是分不开的。正是因为濮仲谦的技艺创造了流传后世的金陵派竹刻,相应地让人着迷的明代竹刻也向世人宣告了明代工艺不朽的技艺,并默默地承担着传承匠人精神的使命。

第三章　濮仲谦与明代金陵派竹刻

濮仲谦，名澄，字仲谦（一说复姓濮阳，略称濮）。是明末清初时期的著名雕刻家。活动于明代万历至崇祯时期，清初尚在。明末清初著名学者钱谦益（1582—1664）在《牧斋诗集》中有一首作于顺治年间的诗，名曰《赠濮老仲谦》，诗为“沧海茫茫换劫尘，灵光无恙见遗民。少将楮叶供游戏，晚向莲花结净因。杖底青山为老友，窗前翠竹似闲身。尧年甲子欣相并，何处桃源许卜邻”。诗集中有“君与余同壬午”的自注。可知濮仲谦生于万历十年（1582）。

关于濮仲谦，文献中记载很少，只有明清文人笔记、诗歌中有零星的记录。如明末清初文学家、史学家张岱（1597—1689）《陶庵梦忆》记载有“濮仲谦雕刻”，文中说：“南京濮仲谦，古貌古心，譪譪若无能者，然其技艺之巧，夺天工焉。其竹器，一帚、一刷，竹寸耳，勾勒数刀，价以两计。然其所以自喜者，又必用竹之盘根错节，以不事刀斧为奇，则是经其手略刮磨之，而遂得重价，真不可解也。仲谦名噪甚，得其一款，物辄腾贵。三山街润泽于仲谦之手者数十人焉，而仲谦赤贫自如也。于友人座间见有佳竹、佳犀，辄自为之。意偶不属，虽势劫之、利啖之，终不可得。”其大意是说，南京的雕刻家濮仲谦，外表和内心具有古人的风度，做人和做雕刻看上去没什么出奇之处，但他的雕刻技艺实际上已达到巧夺天工的境界了。他雕刻制作的竹器，仅仅一寸大小，简简单单雕刻数刀，价格就以“两”来计算。他最喜欢用奇形怪状的竹根，基本不用雕琢，仅略微刮磨，即可成器物，高价卖出。濮仲谦名气很大，得到他的作品，非常难得。南京三山街一带有数十人有他所馈赠的作品，而濮仲谦安于贫困，自得其乐。

濮仲谦所活动的三山街位于南京市秦淮区中华路与建康路交汇处，是南京古地名之一，筑于明初，因李白诗“三山半落青天外，二水中分白鹭洲”句，且临近三山门（今水西门）而得名。南唐和南宋时期，三山街是御街通道。其东北角的承恩寺周围，百货杂陈，且有游艺杂耍，甚为热闹，到明代初年开始形成商市。朱元璋在城内设立大小市多处，三山街市居首位。南京明城墙建成后，人们多在街市坊廊进行交易。三山街一带有书铺廊、裱画廊、毡货廊和绸缎廊，商业十分发达，成为当时南京的商业中心。濮仲谦以竹刻为生，技艺高超，享誉四方，却又“赤贫自如”。这种安贫乐道又自得其乐、鄙夷势利的风格大有六朝名士的风度，是张岱所描述和赞赏的“古貌古心”。他在南京三山街刻竹，风靡一时，也影响了当地的竹刻工艺，成为竹刻艺术的领军人物，有了一批艺术追随者，让南京的竹刻行业从此有了明确的地域风格，最终形成后世论及的“金陵派竹刻”。每当张岱想起南京，这个“古貌古心”的竹刻艺人的形象就浮现于他的脑海中，印象深刻。

张岱对于濮仲谦的描述可信度比较高，原因有三。其一，张岱出身仕宦家庭，祖孙几代都工诗擅文，咸有著述。张岱青少年时期生活优裕，久居杭州。明亡，避居剡溪山，悲愤之情悉注于文字之中，晚年避居山中，穷愁潦倒，但坚持著述。一生落拓不羁，淡泊功名，具有广泛的爱好和审美情趣。他喜游历山水，深谙园林布置之法；懂音乐，能弹琴制曲；善品茗，茶道功夫颇深；好收藏，具备非凡的鉴赏水平。其二，张岱传人撰史，力求其真，自言：“笔笔存孤异之性，出其精神，虽遇咸阳三月火，不能烧失。”（《跋张子省试牍三则》）“生平不喜作谀墓文，间有作者，必期酷肖其人。故多不惬人意，屡思改过，愧未能也。”（《周宛委墓志铭》）“心如止水秦铜，并不自立意见，故下笔描绘，妍媸自见。敢言刻画，亦就物肖形而已。”（《与李砚翁》）他认为“有明一代，国史失诬，家史失谀，野史失臆”，总之失真，而他自己撰史“事必求真，语必求确”，“稍有未核，宁阙勿书”（《石匮书序》）。作者以写真传神为其美学追求，力求“得一语焉，则全传为之生动；得一事焉，则全史为之活现。苏子瞻灯下自顾，见其颊影，使人就壁模之，不作眉目。见者皆失笑，知其为东坡。盖传神正在阿堵耳”（《史阙序》）。在这样的审美追求和创作原则指导下，张岱在《琅嬛文集》《陶庵梦忆》中，塑造了不少栩栩如生的人物形象，有官吏、文士、工匠、伶优，也有医生、僧侣、妓女、牙婆，各色人等，构成社会众生相。其三，张岱与濮仲谦所处时代相近，所以他的记载应该是比较准确的。

除《陶庵梦忆》外，《太平府志》说他“有巧思，以镂刻名世，一切犀、玉、髹、竹皿器，经其手，即古雅可爱”。清人宋琬（号荔裳）在《竹罂草堂歌》中称赞他：“白门濮生亦其亚，大璞不斫开新硎。虬须削尽见龙蛇，轮囷盘屈鸱夷形。匠心奇创古无有，区区荷锸羞刘伶。”濮仲谦曾在苏州一带活动过。刘銮《五石瓠》记载：“苏州濮仲谦，水磨竹器，如扇骨、酒杯、笔筒、臂阁之类，妙绝一时，亦磨紫檀、乌木、象牙，然不多。”比较而言，濮仲谦在南京生活的时间更长，艺术影响也更大。这些记载说明濮仲谦是位身怀绝技、一专多能的雕刻艺术家。

濮仲谦还与明末清初名士夫妻钱谦益、柳如是有所交往。文献中也有一鳞半爪的记载。钱谦益（1582年10月22日—1664年6月17日），字受之，号牧斋，晚号蒙叟、东涧老人。学者称虞山先生。清初诗坛的盟主之一。柳如是，“秦淮八艳”之一，后为钱谦益继室夫人。擅诗书，有才情。此外，柳如是有着深厚的家国情怀和政治抱负，是中国古代著名的传奇女性。柳如是本姓杨，名爱，改姓柳，名隐，后改名是，因读辛弃疾词“我见青山多妩媚，料青山见我应如是”，故自号如是，后又称“河东君”等。崇祯十四年（1641），59岁的钱谦益迎娶23岁的名妓柳如是，当时致非议四起。婚后，钱谦益为她在虞山盖了壮观华丽的“绛云楼”和“红豆馆”，金屋藏娇。两人同居绛云楼，读书论诗相对甚欢。与钱谦益婚礼完毕后，柳如是如愿成了继室夫人，钱谦益吩咐家人一律叫柳如是为“夫人”，不得称“姨太”，而自己敬称柳如是“河东君”，戏称柳如是“柳儒士”。陈寅恪在《柳如是别传》中考证，牧斋《赠濮老仲谦》“少将楮叶供游戏，晚向莲花结净因”一联。考证濮仲谦是著名苏州艺人，晚年曾遁入空门。60岁以后亦曾为河东君制作弓鞋。因而，在陈寅恪看来，“莲花”，既可释为结远公莲社之净因，亦可释为助潘妃细步之妙迹。这是两种相反的意思，并存于同一典故。刘銮《五石瓠》“濮仲谦江千里”条云：“或见其为柳夫人如是制弓鞋底版二双。”陈寅恪评论说：“牧斋此诗虽作于顺治五年戊子，但濮老弓鞋底版之制则疑在前一年丁亥河东君三十悬帨之辰，或者即受牧斋之意旨为之，盖借以祝贺河东君生日也。如此寿礼，颇嫌猥亵，若非河东君之放诞风流，又得牧斋之同意者，濮老必不敢冒昧为之。噫！即就此点观之，牧斋之于河东君感恩之深，用情之足，一至于斯。后来河东君之杀身相殉，岂足异哉！”陈寅恪的考证为一家之说，濮仲谦是否是苏州艺人，晚年是否曾遁入空门姑且不论，但濮仲谦成名于南京，大量活动于南京，并创立金陵派竹刻是无可争辩的事实。

虽然文献对于濮仲谦身世记载甚少，但明代中后期离现在并不遥远，我们完全可以从文献、出土资料中反映的当时社会状况来大致推测出他的身世和境遇。明代中晚期，社会分层已固定，从阶级来说，有皇室、贵族、官吏的统治阶级，相对应的有城市平民、乡村耕农等被统治阶级。从身份来划分，已是士、农、工、商齐全了。这其中，“士”的地位最高，“农”因是社会发展的根本，受统治阶级重视，列第二。所谓“士”，就是在科举体制下，想通过读书跻身仕途，或已跻身仕途的一类人。但明代中后期，政治腐败，社会黑暗，科举考试不仅形式空泛僵化，而且在考试过程中不断受权力、门户、人情等体制以外因素的影响日益严重，使许多才质高洁的博雅之士多落选，其公正性不断受到质疑。许多读书人看不到前途，因心灰意懒而纷纷弃学弃考，从而在这一时期的江南出现了“弃巾之风”。从文献所记载的濮仲谦不畏权贵的气节和对竹刻艺术独特的理解来看，他应出身为读书人，后成为“弃巾”之士，潜心竹刻，游走于江南各地，终成名于金陵。

濮仲谦所创立的金陵派竹刻，从大的工艺门类来说，属于雕刻艺术。雕刻艺术在世界文明史中是具有悠久历史的工艺门类。德国奥瑞纳时期（距今3.4万年至3万年前）福格尔赫德遗址，发现了用象牙制作的极小的马和猛犸象。在河南灵井距今1.2万年至1.5万年“许昌人”遗址中发现了用鹿角雕刻的微型鸟雕和其他雕刻品及其半成品，这是中国迄今发现的最早的立体雕刻鸟化石。周口店山顶洞人的居住区发现有骨珠、骨针、骨锥、骨凿、骨楔等多种工具和兽牙项饰。在河姆渡文化遗址中，发现距今已7000年的骨簪、骨笄、骨坠及象牙片。有用阴线划出的直线、曲线，不仅表现出几何图形，更表现出生动的动物图像，如对称和谐的双鸟朝阳纹，即是用较为流畅的线条刻出两只相对的小鸟，昂首翘尾，形象生动。中国的立体雕刻材质多样，早在周朝就有系统地根据材质将雕刻分门别类了，《周礼·天官冢宰·大宰》中有“五日百工饰作八材”，所谓“八材”就是切珠、磋象、琢玉、磨石、刻木、镂金、剥革、折羽八项。发展到明代，根据材质分类，雕刻主要品种有竹雕、牙雕、木雕、玉雕、石雕、漆雕等。

在明朝，随着各种工艺品的发达，刻竹的制作也大大进步，产生了浮雕、深刻、镂雕、阴刻、阳刻、线刻和圆刻等技法。一般先在刻件上画好墨稿，然后依稿刻制。产品主要有实用品和欣赏品两类。同时，有一种用老竹根雕的人物、动物等形象，也叫"竹刻"，或称"竹根雕"。但在明代，最流行的是扇骨竹雕。

明初，明成祖朱棣在南京登上皇位后，十分欣赏江南的许多民间工艺品，他发现折扇舒展自如，灵巧美观，携带方便，于是"命工如式为之"，下诏令宫内工匠制扇，并吸取外来工艺制作。从此，折扇"自内传出，遂遍天下"，大量在世上流传，无论宫廷还是民间，使用折扇形成风气，一直影响到清代，前后达三个世纪之久。现今南京秦淮河的南岸仍保留着"扇骨营"这一古老地名。明代是金陵折扇发展的鼎盛时期，扇式与苏扇式样雷同，为提高扇子的品位和价格，不少金陵折扇的两边大骨皆采用全雕刻工艺，所镌刻的花鸟玲珑有致，山水风景精致高雅。小字楷书，排列有致，圆转自如，行气倏贯，阴刻阳雕，穷工极巧，浑然天成。当时制骨名匠荟萃，扇骨雕刻十分流行，并形成了以竹刻名家李耀、濮仲谦等人为代表的"金陵派"竹刻。

明代竹雕最著名的有朱松邻和濮仲谦二人。最早为竹刻分派的是清嘉庆时的嘉定人金元钰，他在嘉庆十二年(1807)刊行的《竹人录》书前"凡例"中指出："雕竹有二派，一始于金陵濮仲谦，一始于吾邑朱松邻。"当时以李文甫、濮仲谦为代表的金陵(南京)派和以朱氏三代(朱松邻、朱小松、朱三松)为代表的嘉定派，是明代竹刻艺术中的两大刻派。那时的竹刻无论在生产规模还是在艺术水平上已发展到了一个高峰，至今不仅南京、上海、北京等地博物馆完好地收藏着濮氏、朱氏等名家的一些竹刻艺术精品，有许多国家和国外收藏家们也收藏着我国明代竹刻艺术品。相比"三朱"，濮仲谦更具传奇色彩。

金陵派竹刻是明代濮仲谦创立的竹雕工艺流派，因其主要活动地为金陵(今南京)，故名。特点是以用刀很浅的浮雕技法为主。这是与同时代的嘉定派所不同的。嘉定竹刻擅长三种雕刻技法，即深刻兼透雕法、高浮雕法与圆雕法，并且雕刻题材不断丰富、拓展。其雕刻技法，从深刻兼透雕、高浮雕和圆雕技法的最初运用到三者结合于一体的兼容并施与灵活自如。金陵派竹雕以浅刻、简刻为主要特征。这种技法雕镂不深而层次不减，表面略加刮磨，却古朴有味，虽看似寥寥几笔，却意境深远。

纵观中国文化史和艺术史，濮仲谦创立的金陵派竹刻无疑深得传统文化精华。其各种题材的处理和刻画，追求神似和生动传达。在漫长的历史发展过程中，出于种种原因决定了中国人更多地接受儒家的道德规范和审美标准，即使对竹刻艺术也避谈其功利性的意义。在儒家学者看来，“君子喻于义，小人喻于利”，只有小人才关注世俗功利。在先秦诸子中，韩非子的工艺实用观点，也反映了中国古代以实用功能判定工艺品价值的观念，以满足人们生存需求并实现其最本质的意义。他在强调“物以用为本”的原则下，又指出工艺品应当“质美”，即对材料质地的显示突出材料的本质特征等有关造物过程中的材、质与用的关系。同时贬低过分“文饰”而造成的虚假。他在《解老》篇中说：“礼为情貌者也，文为质饰者也。夫君子取情而去貌，好质而恶饰。夫恃貌而论情者，其情恶也；须饰而论质者，其质衰也。何以论之？和氏之璧，不饰以五彩；隋侯之珠，不饰以银黄。其质至美，物不足以饰也。夫物之待饰而后行者，其质不美也。”这表明在文与质的关系中，质美是自然的造化，它不需要过分地装点修饰，以其自然之美为美。只有那些材质与其所造物的价值不相适应时，才需要加工、装饰，从而获得“文美”。用与美、文与质的关系，最终可以归结为人与自然的关系。对人与自然的认识，既体现着本体论，亦体现着价值论。因此老庄哲学思想可以从工艺思想角度加以理解，而将其崇尚自然、返璞归真的主张看成一种对竹刻本质和价值的见解。而濮仲谦创立金陵派竹刻恰恰反映其追求的是这种艺术精神。

受濮仲谦工艺成就和艺术思想的感召，有部分竹刻艺人推崇濮仲谦并仿效其风格和技法进行创作，从而形成了竹刻艺坛的金陵派。在清代竹刻艺坛上，与嘉定派的兴盛活跃相比，金陵派虽相对凋落，但也涌现出一批竹刻名家。潘西凤是继濮仲谦之后，金陵派中最为著名的竹刻家。西凤字桐冈，号老桐，浙江新昌人，侨寓扬州。潘氏刻竹师承仲谦，以浅刻为主，所制器物，略加雕琢，则神形兼备，刀法简练而精到，绝无率略之处。郑板桥称其为仲谦之后第一人，并写诗赞曰：“年年为恨诗书累，处处逢人劝读书。试看潘郎精刻竹，胸无万卷待何如。”潘氏虽属金陵派名手，但亦擅深刻，许多作品刻法有深有浅，运用得宜。这说明，进入清中期以后，竹刻艺术的派别风格已不十分明显。潘西凤以后的金陵派名手，尚能自成面目的是方洁。方洁，字治庵，号矩平，原籍安徽敦县，道光时人。他精于刻竹，也善丹青。《墨林今话》称其“精于铁笔，刻竹尤为绝技，凡山水人物小照，皆自为粉本，于扇骨、臂搁及笔筒上，阴阳坳突，勾勒皴擦，心手相得，运刀如用笔也”。

明代竹刻，除嘉定和金陵两大流派外，明末还出现了张希黄所创的浙派。张希黄，本名宗略，字希黄，浙江嘉兴人。张希黄擅“留青”竹刻技法。留青又称“皮雕”，是一种在竹子的青筠（竹皮）上雕刻的技法，刻去青筠处露出竹肤为地，留下青筠处微微高起为花纹，经年之后，留青处泛呈微黄，竹肤则颜色愈深，色泽与质地的对比构成图案。留青之制，唐时已有，日本正仓院所藏唐代“尺八”乐器上就有此种技法，但张希黄所作，要采取青筠全留、多留、少留或不留，分出层次，形成色彩从深到浅，自然退晕的效果，使留青技法发展到了一个高峰。张希黄的作品往往将精细的构思和绝妙的制作工艺浑然融为一体，似带有文人气息的工笔画，并创了高雅淡泊、巧而不媚的浙派风格。浙派自张希黄之后，学习和实践留青技法之人越来越多，但张希黄已成为一座难以逾越的高峰，被称之为“留青第一高手”。后人能望其项背者极少，唯有清中期的尚勋，尚能继承张氏衣钵，作品清雅可爱。尚勋之后的浙派以外日渐没落，而金陵派在清末将留青技法收入囊中，这是濮仲谦所想不到的。

金陵派竹雕，根据竹材的应用，可分为两种，即茎雕与根雕。用竹茎雕刻的，多取茎节以下六寸及以上一寸的部分，将之分段割出，以便制造需要坚硬底部的笔筒及其他圆筒形器物。凡需底部的，则可把竹竿两节间的圆筒形部分裁割下来雕制，然后一端镶以木、象牙或兽角制成的底座。竹制的香筒及签筒等的制作多用此法。至于笔搁则利用竹竿与节间的笔直部分，将之垂直破开而制成。根雕是利用坚实的竹根进行雕刻。竹根通常带有很多瘤节或卷须式的小根等。竹雕艺人对竹的选择非常严谨，常用作雕竹的品种是毛竹或桶竹。它们坚厚的外皮及细密的纹理结构正适宜具体而微的雕刻，这类竹多产于浙江省的天目山。较罕有的品种是一种具有近长方形横切面的方竹，此外还有其他种类，都可作竹雕的材料。生长了三至四年的竹是最适宜用作雕刻的，太老或太嫩的竹，纹理结构没有那么细密，同时在干燥时更易于爆裂。竹雕和木刻的技巧具有不同之处。竹脆薄的表面和坚韧的纤维不容许刻者在运刀时出错，由于竹的根部奇形怪状，因此以竹根雕刻，比处理其他物料更需要丰富的想象力和组织力。栽种了三年的竹适合用作雕刻之用。整棵竹连根拔起后，即分截成段，使竹面保持干净，然后用纸包裹起来以便搬运。待用的竹，先放在沸水中泡半小时，然后放在室内阴凉一角待其阴干（这段阴干的时间需达两年之久，若竹料是用作扇骨，阴干的时间可能稍短）。雕刻之前，先用刀将竹子的圆外表皮削去，但欲做留青雕刻，则无须削去表皮。

虽然竹的用途非常广泛，但就历代竹雕作品来看，竹刻品种仍属有限。作品包括大小不等的笔筒、香筒及其他的筒形盛器、臂搁、镇纸、小盒、人物及动物模型、山水小景。其他还有竹如意一类的器物与犀角杯风格相近的杯形器、明清间的文士常用之折扇骨等。整体来说，金陵派竹雕器物还是以文具为主。

传统金陵派竹雕虽然以浅刻、简刻为主，但濮仲谦自己早期也有深刻繁雕的作品，以致金陵派发展到后来，遍采众家之长，传统技法虽有，但已不固守浅刻、简刻，如纳入留青技法就是明证。从濮仲谦和后来的金陵派来看，主要的技法有浅刻、圆雕、浮雕、透雕、留青等。

浅刻，又称线刻、细刻。浅刻，是雕刻艺术中一种最基本的样式，其起源比任何一种造型艺术都早，浅刻成为独立成熟的艺术门类，是在汉代。到了唐代，绘画艺术繁荣，人物画开始兴盛，讲究线描技法，这时期的浅刻也与绘画艺术同步发展。竹雕中的浅刻大家是濮仲谦，往往寥寥数刀，形神兼备。其后，浅刻艺术在众多金陵派竹雕艺术家的不懈努力下，其表现形式已日臻完美，浅刻所表现的艺术载体内容几乎同代表中国文化特色艺术的中国书画一样，山水、人物、花鸟草虫等无所不能。在浅刻艺术中融进中国画的笔意墨韵，表现形式有小写意、大写意甚至小泼墨。虽然浅刻是千丝万缕般刻出来的，但所反映出来的效果极富中国画的艺术效果。欣赏时但见刀法里有笔法，笔法里有刀法，似刀非刀，似笔非笔，刀笔相融，把以刀代笔的效果发挥得淋漓尽致。浅刻所表现出来的艺术效果与中国画最为接近，浅刻人物作品形态优美，精雕细刻，衣纹线条讲究质感飘逸，注重人物和景物的层次关系并注意处理好线条的飞白和虚实，增强了画面的空间效果，使作品画面有很强的立体感。山水则注重于山与树的形体美，空气与水的流动，近景重刀粗刻，以求得山石的厚重感，远山细刀飘刻，显得虚无飘渺，朦胧如雾笼罩，水与路随山就势穿行其间，迂回曲折，犹如人置身其间，美不胜收。浅刻竹刻的题材内容除了需要巧妙的构思、合理的布局，作品更要有精气神韵，能从艺术作品的深处反映出深厚的文化底蕴。工艺艺术创作，有瞬间的灵感、自身的天赋的要求，更多的是平时经验的积累，这考验创作者对作品的解读和空间想象。刀法运用是浅刻的关键。因浅刻艺术完全是用刀的线条来操作完成作品创作，刀法的熟练掌握，运刀的转折顿挫、轻重缓急，都是为了增强自然生动的艺术质感，丰富线条的刻琢之美。线与点、点与面、面与线的有机结合，能加强和丰富作品的艺术层次感、厚重感、立体感。竹雕浅刻以刀代笔，拿刀如执笔，刀法运作如执笔挥毫。它不仅能起到加强和丰富作品特有的艺术视觉效果的作用，更是创作者心灵意识与技巧相结合的产物。

圆雕是指完全立体的雕刻，即前后左右均完整雕出景物形象，具有三维空间，在不依附任何背景的情况下，可从四周的任何角度进行欣赏。这种以圆雕技法刻制的器皿，大多是取竹根为材，根据竹的自然形态进行构思和设计，略施雕镂，使其成为或巧妙、或古朴、或精致，供人观赏的艺术品。这种因材施艺的创举，看似简单，实极难为。雕刻者不仅要有丰富的想象力和卓越的独创性，还要有极为高超的雕刻技术，两者之间必须紧密配合。

浮雕是指在平面基础上雕刻艺术形象，物象近似绘画，前后体积压缩。因此，浮雕是介于绘画和雕刻之间的一种艺术形式。在远古时期，伴随着线刻发明，最初的浮雕便产生了。浮雕的制作过程也表明了这一点，即在雕刻前，先将画稿贴在竹刻胎体上，然后依据画稿进行雕刻。根据浮雕立体程度的差别，可分为高浮雕、浅浮雕、薄意雕、线雕等。高浮雕，与圆雕相接近，所雕形象起伏较一般浮雕大，有的局部为圆雕，具有很强的立体感。浅浮雕，与绘画相接近，所雕刻的形象起伏较一般浮雕平缓。薄意雕，是一种最浅薄的浮雕，所表现的形象仅是一层平缓的起伏，意到即止。

留青，也称平雕，即是用竹子表面一层青皮雕刻图案。把图案之外的青皮铲去，露出竹肌。竹树干后始能奏刀，此时竹表皮已由青转白。所谓“迹若粉描”，与留青之花纹正合。刻后不须一两载，表皮即呈淡黄色，但此后变化不大。竹肌则由淡黄而深黄，由深黄而红紫，故皮、肌色泽之差异会越来越明显。这种雕刻方法不仅精巧，而且竹器外表色泽莹润，经过把玩者经常地抚摩掌玩，年代越是久远，竹肌颜色越是深沉，光滑如脂，温润如玉，色泽近似琥珀，同时图案部分也越清晰突出。这种技法始于唐代，当时虽是留青竹雕的初期阶段，所刻纹饰还比较浑朴简单，但这种技法的出现，显示出了竹刻艺术的提高与进步。

透雕的“透”，意为穿透，又称通雕。通，意为贯通。有的在浮雕基础上镂空其底版，使图像空灵突出，分为单面镂空雕与双面镂空雕。有的在圆雕基础上作镂空透雕，雕出内层的景物。也有平面多层透雕，多的可达五六层。

金陵竹刻的艺术形式主要有笔筒、臂搁、香筒、扇骨、摆件、把玩小件等。笔筒是文房用具笔、墨、纸、砚以外另一件重要的器物，它是中国的文人书斋中重要而又常见的文房器具。它与笔、墨、纸、砚、水注、水盂、砚匣、墨床、印章、笔洗、笔架、臂搁、镇纸等，共同构成文人笔耕丹青之必要用具，同时也营造出高洁雅逸的高雅艺术氛围。文献记载，三国时已有笔筒。三国吴陆机《毛诗草木鸟兽虫鱼疏》之“螟蛉有子”篇云：“取桑虫负之于木空中，或书简笔筒中，七日而化。”虽然文中没有言明笔筒的材质，但从桑虫放的地方一为“木空”，二为“书简”推测，笔筒也应是竹木之质地。可以说，三国时代已有笔筒出现。但据考古资料，明代以前没有发现笔筒实物，应该说大规模的使用笔筒，大约是在明朝中叶。由于笔筒造型简洁，使用方便，所以至今我们仍然在用，只是制作笔筒的材质和制作方法在不断地改变。文震亨的《长物志》提到古制笔筒“鼓样，中有孔插笔及墨者，虽旧物，亦不雅观”。可见明代的文人对于笔筒的态度是将其视为旧物。“湘竹、棕榈者佳，毛竹以古铜镶者为雅，紫檀、乌木、花梨亦间可用”，绝大多数的笔筒都是用竹子制成的，除非用珍贵的古铜、紫檀木、乌木、花梨木做笔筒口和基座的方才显得雅致。但是并不是所有的文人都能珍藏、使用上类似紫檀木这样昂贵的木材，所以在竹制的笔筒上做艺术处理，增强“雅致”感就成为文人追求的主流。这恰给竹刻艺术的发展创造了新的空间。竹制笔筒取自自然，再加上文人对于竹子的喜爱，亦有不少文人刻画、题字更使竹制笔筒增色不少，逐渐成为文房中不可或缺的重要器物。金陵派中无论是濮仲谦还是后来的竹刻家，都擅长刻制笔筒，留下了不少笔筒佳作。从构图上讲，这些笔筒整个画面饱满、空间比例十分合理，多采用古松或竹林和松竹下的人物形成近景、中景和远景的构图。人物表情丰富，细节刻画深入，表现出了隐居世外的文人高士的悠然生活的心境；高士们或弹琴、品茗，或读书、赏画，或访友，画面一角刻上一名或数名童子，或携琴、或捧书、或煮茗、或放牛。整幅画面中远景、近景构图生动形象，人物的神情与动态等细节的处理丰富，意蕴十足，古意盎然。这些笔筒往往是竹刻中的精品。

臂搁，亦称秘阁、臂阁或腕枕，是古代人写字时衬垫腕臂的文房用品，一般作扁片长条形，大多是以竹木牙角或者是玉石陶瓷制作而成的。古代文人书房里有很多摆设物，例如：毛笔、笔架、砚、墨、印、印盒、笔筒，都属于案头文房用品。臂搁有别于笔墨纸砚，并不是每位文人都备有的，具有情趣的或者有经济能力的文人才会使用、收藏、把玩。臂搁在文房用品中属于书房里的奢侈品。据记载，臂搁起源于宋朝，南宋末年的林洪在《文房图赞》一书所提到的“无弦居士”，即是指的臂搁。臂搁的出现源于它的使用价值而非观赏价值，它是古代文人墨客智慧的结晶，是古代文人书写习惯和方式的必然选择。其一，是为了古代方便书写而用。古代人们用毛笔书写，手必须要竖起、腾空握笔，书写格式自右向左，稍不留意，衣袖就会沾到字迹，所以有了臂搁就能避免这样的情况。其二，是为了书写者的舒适。据闻是由古代科举考试时，为防舞弊，由相关人员誊写考生试卷，十几份试卷抄写下来手臂累得不行，而有了臂搁的帮助就轻松多了，因此，臂搁也称“腕枕”。其三，是为了祛暑纳凉。文人在夏日挥毫泼墨，将臂搁枕于臂下，一来可防止臂上汗水将纸弄湿，二来由于竹子性凉且有祛暑功效，因而也有人管竹臂搁叫“竹夫人”。由于竹材剖制臂搁最为便利，因此传世的臂搁以竹制的较多。明清以来，竹刻臂搁十分发达，臂搁的表面近于平面，适合镌印书画，使得实用之外更能观赏、把玩，所以深受文人喜爱。但从民国以来，随着书写工具和方式的革新与变化，臂搁也早已退出历史舞台，偶尔在一些书画家的文房用具中还能见到其踪影。绝大多数人见到臂搁，都不知道它的名字和功用了。臂搁是古代竹刻艺术表现的重要形式。由于臂搁的面积较大，作品画面感比较强烈，在创作竹刻时构图形式也比较多样，是最为适合的竹刻表现物，使得竹刻臂搁很快就成为文人墨客的必备品。

臂搁一般都是用一节竹子剖开制成，长度一般不会超过一尺（约合20厘米），宽度为七八厘米。臂搁雕刻讲究精美细致，臂搁可以寄托寓意。江苏泰州博物馆藏濮仲谦款竹雕臂搁，为半弧形。正面刻有一幅山水人物图，上半部分逶迤连绵的高山直上云天，山下房屋中的长髯老者不知是陶醉在眼前美景中还是思绪飘向尘世的繁华，身旁的童子早已耐不住寂寞趴在窗栏上听那屋前的潺潺水流声和屋后沙沙竹叶声。这是一幅典型的中国文人画，画面的左上方刻有两句古诗"绝怜近市无尘到，曾是寻僧竟日留"和"徵明戏作"四字，右下方为"仲""谦"印章各一。

另有些金陵派竹刻臂搁，竹刻题材或为诗文，或为人物，或为梅兰竹菊，通过浅刻或留青技法，特别是通过留青的多留、少留和不留区分画面的层次感，画面中突出主题纹饰作为装饰图案。整个臂搁显得分外雍容典雅，庄重高贵，寓意吉祥如意。有些留青竹刻臂搁也可以讲究巧妙的表达画面。竹刻臂搁作品取材别出心裁，选用带竹节的竹片进行刻画，上半部分刻画出写意的人物和竹林，或人物和梅树、松树、梧桐树之类，大笔落点成叶，叶片分又不分，浑而不混，犹如泼墨而成的画卷；下半部分留白，以竹节为界，留下竹筠。整个作品初看觉得十分拙气，但细品却觉得古朴散淡。由于臂搁作品在人文书写、绘画时使用，将竹肌部分研磨变色，使其和竹筠的色彩产生差异，就更能显示出这件作品的精妙构思。

中国传统的折扇，扇骨一般用竹、木制作。竹制的扇骨除常见的玉竹、白竹，还有棕竹、湘妃竹、佛肚竹等名贵品种。以竹为折扇骨架，取其轻便有韧性，可以用阴刻、留青、镂雕等技法，方寸之间，驰骋技能。竹扇骨在明朝晚期已经流行了，明朝万历年间的大文学家沈德符在《万历野获编》中称："吴中折扇，凡紫檀、象牙、乌木者，俱目为俗制，惟以棕竹、毛竹为之者，称'怀袖雅物'，其面重金亦不足贵，惟骨为时所尚。"此后，制扇者甚多，好手层出不穷，而以浙江嘉兴、江苏苏州等地最为集中。晚清民国以来更为兴盛，与名家扇面相得益彰。传世的许多明清竹刻扇骨，扇骨长五六十厘米，宽3—5厘米。扇骨材料用竹制成，在扇骨上或刻有气势磅礴的山水，或刻有园林中优雅的景色，或刻有栩栩如生的各类人物，或刻有春意盎然的花鸟虫鱼。细细观看扇骨所刻景物，以园林风景为例，堤岸上大多巧妙地堆设着太湖石，画中的游赏之人策杖穿梭其间，交头接耳赏景游玩。园中更有曲榭亭台，平桥与其相接，景物间断的地方都刻画作浅浅荡漾的水波，画面最上方往往是山峦和云树，使赏玩者宛如身临其境，美不胜收。从构图上来讲，整幅画面较为满当，但满而不乱，多而不闹。

竹笔是最常见的一种文房用具，也是历史十分悠久的。据考古资料显示，我国最早的一支竹笔是战国时期的楚笔。唐宋时期，竹笔十分流行。唐朝白居易撰写的《鸡距笔赋》有“拔毫为峰，截竹为筒”的描述。现在在日本奈良正仓院收藏的中国唐笔，有斑竹管、斑竹管镶嵌象牙等竹笔。其中一支竹笔，笔管用斑竹制成，长为20厘米，帽长8厘米。竹笔上有斑点似豹纹，管尾镶嵌有象牙质地的装饰物。这可谓做工精良细致，十分讲究。常州地区发掘的宋代墓穴也出土了长约30厘米的竹笔，造型和后世的普通竹笔没有区别。文人对质朴无华的竹笔大加赞许，如明朝的屠隆在他编写的《纸墨笔砚笺》中写到：“古有金管、银管、斑管，然皆不若白竹薄标者为管，最便于用。”在这一时期，制笔中心也移至江南的湖州，造出的笔也称“湖笔”，其笔管选用的是天目山北麓灵峰山下的鸡毛竹，竹节稀而笔杆直，竹内空隙较小，是制作笔管的理想材料。明清时期，文人对于笔管的装饰性尤加重视，大大提升了笔的艺术价值。笔管的装饰图案以双龙、双凤、龙凤、云蝠、花鸟、吉祥字和几何纹样为主，富有吉祥和文人意趣，主要是以留青作为装饰技法。从目前发现的情况来看，金陵派竹刻笔管比较少，有待发现。

民间手工业作坊工匠的大多数收入为每月得银6钱，每年计得7.2两。应该说也是相当微薄，仅仅可以维持一家生计而已。至于那些为皇家服务的工匠，其收入显然就高出许多，一般为月粮1石，并有直米3斗5升。两者相加，每月可得1.35石，每年计得18.2石，折成平价银为16.2两。而当时出现的一批著名的手工艺人，他们凭借自己的技艺，甚至可以与士大夫平起平坐。而他们所制的产品，销售价格甚高。如龚春、时大彬所制宜兴砂罐，以及王元吉、归懋德所制锡注，其价格均高达四五两银子一件。显然，这些著名工匠的收入相对较高，生活也比较富足。濮仲谦也应属于收入较高的工艺家，但文献记载，他“名噪甚，得其一款，物辄腾贵。三山街润泽于仲谦之手者数十人焉，而仲谦赤贫自如也”。

第四章　濮仲谦艺术成就和传世作品

我国传统手工艺特别讲究“工匠精神”。这种“工匠精神”的现代解读包括敬业、精益、专注、创新等方面的内容。在古代，它的基本体系为“器、技、道”。技艺作为我国工匠精神基本体系的“器、技、道”三者中重要的一点，从产生开始就和工具、劳作息息相关。匠人靠技艺谋生，精湛的技艺是工匠能够赖以生存的必要条件。工匠的技艺是一种手艺，这种手艺是工匠长期一丝不苟地操作，并达到熟能生巧、运用自如境界的能力。匠人作为手工业生产技术的主要担当者，匠人的自身技艺决定着制造产品的品质优劣，匠人造物的态度也决定着其产品价值。

濮仲谦能刻竹、雕牙、制犀角、做木雕，但他在竹刻领域成就最高，为金陵派开山祖师。他无疑也是金陵派成就最高、影响最大的竹刻名家。濮仲谦一说江苏江宁人，也有人说是苏州人。生于明万历十年(1582)，清初尚健在，卒年不详。濮仲谦的艺术成就散见于各类明清地方志、笔记、诗文集中，如《太平府志》记载：“仲谦有巧思，以镂刻名世，一切犀、玉、髹、竹皿器，经其手，即古雅可爱，公卿慕致之，一簪一盂，视为至宝。”明代张岱《陶庵梦忆》卷一记：“南京濮仲谦，古貌古心，讘讘若无能者，然其技艺之巧，夺天工焉。其竹器，一帚、一刷，竹寸耳，勾勒数刀，价以两计。然其所以自喜者，又必用竹之盘根错节，以不事刀斧为奇，则是经其手略刮磨之，而遂得重价，真不可解也。仲谦名噪甚，得其一款，物辄腾贵。三山街润泽于仲谦之手者数十人焉，而仲谦赤贫自如也。于友人座间见有佳竹、佳犀，辄自为之。意偶不属，虽势劫之、利啖之，终不可得。”宋琬《竹罂草堂歌》：“白门濮生亦其亚，大璞不斫开新硎。虬须削尽见龙蛇，轮囷盘屈鸥夷形。匠心奇创古无有，区区荷锸羞刘伶。”“大璞不斫”“轮囷盘屈”，言其不事精雕细琢，只略施刀凿以见自然之趣。

从文献记载来看，濮仲谦的竹刻与众不同，有鲜明的特点。一是浅刻和简刻，喜用刀很浅的浮雕技法或是简略的雕刻。他喜用盘根错节的竹根，根据竹材的自然形状和特征，用简洁的刀法，略施雕凿，随形施刻，自然成器。二是善于打磨，有人称此类作品为“水磨器”。当时，他用这种技法刻制扇骨、酒杯、笔筒、臂搁之类器物，也使用在木器和牙角上，曾妙绝一时，受到世人的喜爱。

作为金陵派竹刻的创始人和代表人物，濮仲谦的成就和贡献是多方面的。他是一位艺术家，把艺术理念和艺术想象有机地结合起来，对后来竹刻艺术的发展影响很大，使当时工艺的表现水平发展到一个新的阶段。

明代中后期的社会发展，其思想基础就是关怀人、尊重人，出现了“以人为本”的世界观。无论是文人士大夫还是商贾艺人，发展人的个性，要把思想、感情、智慧都从礼教的束缚中解放出来。工艺家们借助市场和对传统的反思，力图在工艺创作上开拓出新局面，使生动的形象和场景反映在工艺作品中，让它成为一种时尚的艺术品。这一点上，濮仲谦进行了探索，也实现了成功。这种实践，从金陵派竹刻开始，体现着新的精神，适应了时代的要求，金陵派和嘉定派的交相辉映，标志着明末清初工艺美术达到光辉灿烂的鼎盛时期。他们和从事玉器雕刻、漆器艺术、家具艺术等一批工艺美术家，进一步完善了17世纪中国人的探索，使理性与情感、现实与理想在工艺美术品中获得了完美统一，使形与空间的关系获得了高度和谐，从而为再现性的美术确立了一种经典样式，给后世提供了效法的最佳范例。在以后中国工艺美术的发展历程中，无时不存在着他们的强大影响力。

濮仲谦的传世作品留存于世的不是很多，能够被公认为是其作品的更少。目前署有“濮仲谦”“仲谦”款识的明清竹刻在整个明清竹刻里的份额是很少的，而就是这部分有款的作品中，还有相当部分艺术成就和工艺水平不高，明显是时人仿刻或后人伪托。这里选撷一些工艺水平较高的有濮氏款识的作品进行介绍，以一窥濮氏的艺术成就。当然，这些作品是否出自濮氏之手，有些还有争议。从文物鉴定角度来说，传世文物的真假区分往往都是相对的，绝对的真假通常是难以拿出证据来的。将所谓相对真假进行量化实际上就是给出一个接近真品的百分比。也就是说，我们习惯上说某件作品是真的，是指其真实率或许达到了百分之九十以上，而趋近于真。其缘由在于，目前的传世文物鉴定一般只能依靠鉴定者的眼睛进行辨别，并与记忆中的真品标准件进行比较而得出结论。因此，鉴定常常会带有一定的主观性和经验主义，而难以有十分客观的、量化的标准。我们这里只是将目前存世的濮仲谦款的作品列举一些出来，不作过多讨论。

北京故宫博物院收藏的濮仲谦竹刻作品，经公开著录的有以下几件：第一件收藏于清宫，为仲谦款浅浮雕花卉小笔筒。乾隆皇帝极为喜爱，曾为此赋诗赞誉说："疏花几朵瘦梅巷，扑鼻依稀递暗香。自是野惜仿无咎，似犹繁态鄙无章。完非裂现甲丁护，雕不痕留锋刃藏。天下无处伊古语，故应说项羡渔洋。"濮仲谦刻竹不喜精雕细琢，只就竹材的天然形态略加刀凿即可成器。"疏花几朵"与"以不事刀斧为奇"的记载相符，现未见实物，仅存乾隆诗句流传至今。第二件是采用高浮雕技法刻制的松树形壶，壶高12.3厘米，径8.4厘米，属清宫旧藏。用天然盘连的竹根，采用深、浅浮雕技法雕成松树形，以松干为主体，松枝盘曲成柄，断梗作流。壶盖巧雕成枝叶形，叠压错落，形似折枝，又与壶身主干相连。柄下隐刻阴纹"仲谦"款。小壶经过精心设计，灵巧、古朴兼而有之，是难得的竹刻精品。从此壶可见其追求自然、刀法细腻流畅、韵味古雅的艺术特色。第三件是以水磨浅浮雕技法刻制的竹枝笔筒。笔筒高14.6厘米，筒径6.9厘米，圆体，颀长优雅，口沿略内倾，过渡圆滑，足卷唇式微凸。器身浅浮雕折枝竹枝一束，余皆留白。竹枝笔筒是仿照李息斋双钩竹画本刻制而成的。竹枝向、背低垂的姿势仿佛正经受着风雨的侵袭，生动自然，韵味无穷。竹叶多转侧重叠，透视关系却处理得清楚明确，极为不易，而叶片细部的虫蚀痕迹更是传神。刻画富于动势，总体效果如墨线双钩而成，有宋代画竹名家李珩的法度。竹枝旁有阴刻隶书"仲谦手治"款识。第四件是松荫高士图根雕摆件，根据唐代画家孙位《竹林七贤》而创作的，表现手捧酒壶的七贤之一高士刘伶既醉欲饮的神态。造型古拙，刀法简练。

图三　濮仲谦竹雕松树形壶

图四　故宫藏竹枝笔筒

从故宫的收藏我们可以看出，濮仲谦款的竹雕作品留存于世的，笔筒稍多。的确，笔筒的大量出现是在明代中晚期，不论是文献记载，还是传世实物，都有大量的材料佐证。据《天水冰山录》记载，查抄明代权相严嵩家产的清单上，列有牙镶棕木笔筒、象牙牛角笔筒、哥窑碎瓷笔筒等。濮仲谦生活在这个时代，笔筒作品多是符合时代特征的。除故宫外，还有一些公立收藏单位收藏濮仲谦款竹雕笔筒，我们试举三例。

四川博物馆藏的一件濮仲谦款三顾茅庐笔筒，以精湛的立雕、透雕技法，把脍炙人口的刘备“三顾茅庐”请诸葛孔明出山的故事重现于一件笔筒之上。笔筒直径12.8厘米，高14厘米。茅庐内，诸葛亮倚桌小憩，桌上一书翻开，似为诸葛亮看书倦了而眠，表现了诸葛亮身居茅庐而心系天下三分事的胸怀。桌后一床，床侧一童持蒲扇，似为诸葛亮扇凉。刘备立于床侧，静候诸葛亮醒来，恭敬谦和，表现出求贤若渴的状态。茅庐外关云长对刘备受诸葛亮冷落而扼腕，张飞怒目相向，手握剑柄，恨不得将诸葛亮揪将出来。二随从一牵马，一立于马侧，其状颇不耐烦。画面以极为细致的刀法，刻画出人物的不同表情，展示其不同的个人性格，人物栩栩如生。画面中苍松挺拔，松针攒簇，绝无苟施之刀。末有阴刻行书“吴趋唐寅于桃花庵”，下有篆书阳文“仲谦”印款。

图五　濮仲谦款三顾茅庐笔筒

南京博物院藏有濮仲谦刻“八仙过海”竹笔筒一件。“八仙过海”是家喻户晓的民间神话故事，反映了我国古代道家及时行乐和升仙思想，也是各类创作中的常见题材。笔筒外壁采用多层浮雕的手法表现了八仙过海的故事。画面以海水、波浪、仙山、云纹为背景底衬，构图灵透，布局合理，层次分明，巧夺天工，雕工精细而严谨，繁复而有序。所雕八仙表情生动、形象传神，活灵活现；更加丰富了画面内容，动中有静，静中有动，局部与整体达到高度统一，给人以无尽的遐想。其刻画之生动，雕工之精湛，刀法之纯熟，达到了炉火纯青的境地。这只笔筒长15.9厘米，直径17.4厘米。此件笔筒，八仙以松柏为槎，状写颇工，虽处波涛之境，而泰然自若，尽显仙风道骨。刻法用高浮雕，远近深浅，层次分明，刀工精细，然与濮氏一般风格不尽相同。故王世襄先生认为其为伪托濮仲谦之作，当为嘉定竹派传人所为。这件竹刻色泽光洁，保存完整，是1952年储南强先生捐赠苏南文管会的，后苏南文管会并入南京博物院。

图六　“濮仲谦”款八仙笔筒

宁波博物馆也收藏一件仲谦款竹雕笔筒。这件笔筒工艺水平略低于南京博物院的笔筒，时代也略晚，但雕刻技法也属上乘。笔筒高9.9厘米，口径4.1—4.9厘米，为高浮雕松荫赏画图景。笔筒以老竹根制成，雕一古松虬枝，古干霜皮碨砢，旁干斜出，针鬣掩覆，树腔稍空处，二老正展画幅共观。一老者在旁手握如意，俯身审视，身后二僮，一手持一杖，一在后窥伺，眉目意态，各各不同。松干上题"仲谦制"三字。符合濮仲谦追求天然浑朴的自然风格，不以工胜而更注重神韵，造就出外形质朴、稚拙，但内涵秀美、韵味古雅的艺术意趣。

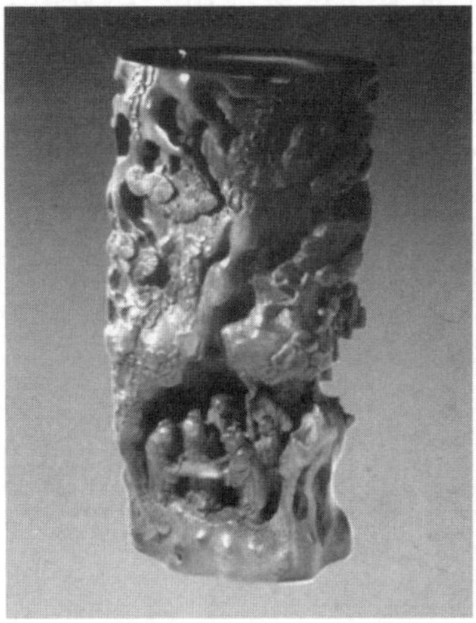

图七　仲谦款高浮雕松荫赏画图笔筒

扇骨是明代金陵竹刻的主要作品。除濮仲谦外，当时的金陵竹刻名家李耀也擅刻扇骨，成名还略早于濮仲谦。李耀的竹刻艺术生涯跨越明成化至嘉靖四朝，以扇骨雕刻闻名于世。他的竹刻风格简洁明快，首开金陵竹刻简约风气的先河。李耀之后的濮仲谦，影响和艺术成就超过李耀。一直到清代末年和民国早期，南京竹刻业仍非常兴旺，城南从事竹制扇骨雕刻的作坊和店家很多，今天南京城南通济门一带还保留着"扇骨营"的老地名，见证着当时竹刻业的辉煌。

天津博物馆收藏有两件明代濮仲谦浅刻竹扇骨，是雕工极佳的精品。这两件竹扇骨出土于河北省一座明墓内。"文革"期间该墓被盗，墓中文物多被盗走，两件折扇被扯掉扇面、扇坠，剩下扇骨弃于墓外，被人拾到藏于家中，后交天津市艺术博物馆（2000年并入天津博物馆）。一件扇骨，长31厘米，边骨宽2厘米。扇骨圆脚，共16股。一根边骨上部刻梅花一枝，花下刻行书七言诗两行："雪满山中高士卧，月明林下美人来。"另一根边骨近中部刻一枝梅花，其上刻行书款"壬戌仲秋月制仲谦"，款下刻阴文篆书"可登"印一方。另一件长32.3厘米，边骨宽2厘米。扇骨方脚，共16股。一根边骨上部刻一簇盛开的水仙花，花下刻行书七言诗两句："月明阶下窗纱薄，多少清香透入来。"另一根上部刻行书款"壬戌秋八月制仲谦"，并刻一阴文篆书"可登"方印，款下刻兰花。在我国，用竹子雕刻扇骨约始于明代。雕刻技艺在竹刻扇骨上得到了充分体现，所刻内容有书法、山水、花鸟、人物等，形神兼备，呼之欲出。在明清时期被称为"怀袖雅物"的折扇，是文人士大夫身份的象征，它融名家书画、江南地区精湛的制扇工艺及名家竹刻于一体。

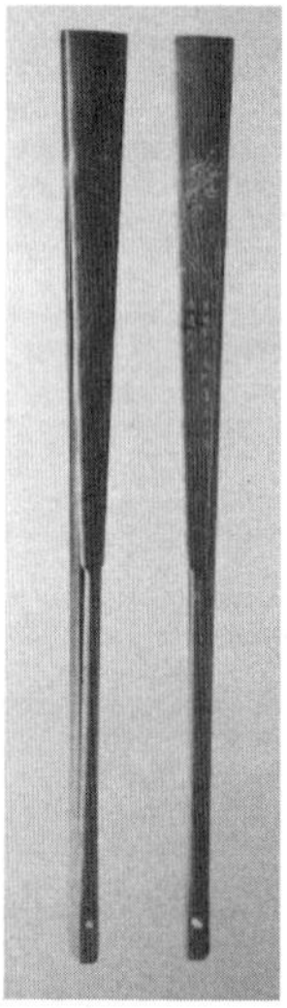

图八　仲谦款梅花诗文扇骨

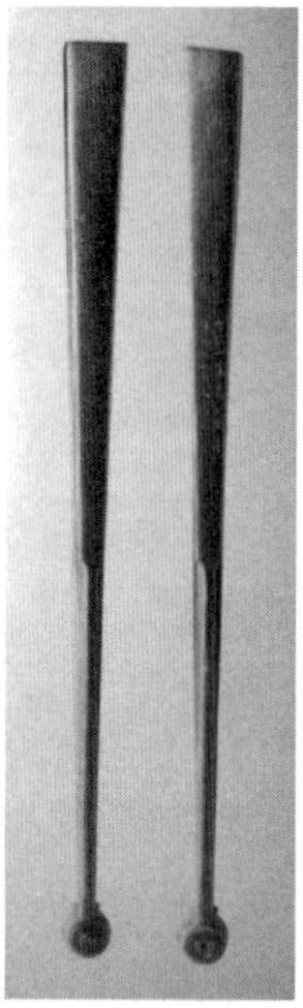

图九　仲谦款水仙诗文扇骨

濮仲谦款的作品除笔筒、扇骨外，还有臂搁等。江苏泰州博物馆藏濮仲谦款竹雕臂搁，长33厘米，宽7.5厘米。此臂搁藏于锦盒之中，封面题签为"文待召画溪山养性图臂搁，明濮仲谦精刻品，海宁陈侃庐珍藏，壬午正月归于淳斋"。下有白文"仲文"印。盒盖背面有行书题记："壬午正月四日六十贱辰，至友陈仲文赠此秘搁书以志感，文徵明画，濮仲谦刻，陈南楼藏，无上上品，淳翁记于津门。"臂搁为半弧形，正面刻一幅山水人物图，上端远景高山耸峻，层峦叠嶂，逶迤连绵，山势巍峨，直上云天。山下有精舍几间，呈“丁”字形分布，屋脊瓦楞分明，房中的长髯老者束发长袍端然而坐，右臂搁于条几之上，不知是陶醉在眼前的美景中，还是思绪飘向尘世的繁华，身旁的童子早已耐不住寂寞趴在窗栏上听那屋前的潺潺水流声和屋后沙沙竹叶声。屋后修篁数丛，青翠茂密，屋前小桥流水，潺潺有声，岸畔是一片柳林，柳树枝干盘曲，柳条依依。近处冈峦嶙峋，崖石嵯峨，水流经过山涧一棵古树缓缓而去。从题签来看，名为文徵明题跋的《溪山养性图》，是一幅典型的中国文人画，画面左上方刻有两句古诗“绝怜近市无尘到，曾是寻僧竟日留”，这是文徵明《病中有怀吴中诸寺》组诗中的两句，“文徵戏作”右下方为“仲”“谦”印章各一。背面刻有“南楼老人”印，即赫赫有名的女画家陈书。陈氏乃浙江秀水人，晚号南楼老人。这件臂搁集书法、绘画于一体，运刀法韵味于一心，堪称一件珍品。此臂搁温润细滑，刻工精良，以浅浮雕手法为主，中部屋宇人物雕刻较深，可见里层，山石用线条刻出披麻皴味道，山石间以密密的小点作为苔点，柳树枝叶繁密，盖用细碎刀法刻成。下部流水刻痕浅疏。

图十　仲谦款臂搁

除了以上国内各公立的博物馆有所收藏外，国外以及国内的私人收藏家手中也有少许工艺价值很高的濮仲谦款竹刻艺术品。其中比较具有代表性的是王世襄先生旧藏雪景寒林图臂搁。臂搁，则为濮仲谦竹刻的典型作品，近景山石坡陀，古木枒槎间茅舍三间；远景山峰耸立，山石以阴文披麻解索皴为之，极简约概括。其布局刀法，于简率中见朴拙之致，耐人寻味。左有程嘉燧(1565—1643)崇祯十二年(1639)题诗。

图十一　濮仲谦雪景寒林图臂搁

另外，近些年来随着收藏热的潮流，一些濮仲谦款竹刻作品通过拍卖公诸于世，这些作品的可靠性是低于公立收藏机构的。因为世界上大多数的拍卖行都奉行一条成文或不成文的惯例：对艺术品、古董及普通旧货可以不保证其品质，即不担保瑕疵，而以买家各自的眼光为准。一般而言，拍卖行不是拍卖品的主人，而文物艺术品的品质参差不齐、千变万化，拍卖行无法真正了解他们的内在质量。在拍卖场上，文物艺术品只能凭买家的经验和需要来依质竞价、随行就市。拍卖可以较为真实地反映拍品的品质和价值，同一样东西，大家都看真，都看好，价位自然容易竞争上去；相反，大家颇为看不好的赝品、劣质品就不会拍出好价。由此可见，拍卖确实是文物艺术品的最佳交易方式。这里列举几件拍卖场上的濮仲谦款作品，以飨读者。

明末濮仲谦款绵绵瓜瓞水注，高8.3厘米，宽16.3厘米。西泠印社拍卖公司2014年春季拍卖会上，以36.8万元成交。铭文："绵绵瓜瓞。仲谦制。”绵绵瓜瓞，语出《诗经》中的“绵绵瓜瓞。民之初生，自土沮漆。古公亶父，陶复陶穴，未有家室”。其首句“绵绵瓜瓞”四字，成为一种祝愿子孙昌盛，家族兴旺发达的吉语。瓞即小瓜，始生时常小，但其蔓不绝，会逐渐长大，绵延滋生。因而相应的题材在世俗文化发达的明清两朝经常出现。此文房水注采用一端竹节巧妙雕刻，以竹隔为底，因材奏刀，使之化为一只躺倒的瓜瓞。上方开孔，用以盛水，一旁利用一处竹节分枝开小孔，用以注水。水注另一侧镂空圆雕枝叶藤蔓，上下相连，扭曲缠绕，生动自然。更有一处瓜叶向上生长，微微卷曲，内有飞虫藏匿其间，生趣盎然，惟妙惟肖。瓜瓞一处刻有铭文，落款“仲谦”。宋荔裳《竹罂草堂歌》中有为仲谦赋：“白门濮生亦其亚，大璞不斫开新硎。”所谓“大璞不斫”，是说能略施刀凿以见自然之趣。而此件竹刻正是文献记载的最佳诠释。

图十二　明末濮仲谦款绵绵瓜瓞水注

濮仲谦制竹雕诗文笔筒，北京东正拍卖有限公司2017年秋季艺术品拍卖会拍品，估价18万到20万人民币；高16厘米，直径15厘米。此笔筒采用一段竹节巧妙雕刻，以竹隔为底，因材奏刀，利用天然虫蛀并稍加雕刻而成，皮色温润，其下竹根苍结，嶙峋崎岖，奇特不凡。腹壁以去地隐起之法雕琢行书。运刀如笔，字迹苍龙走云一般自如不羁，去地碾琢平整，布局合理得当，颇具古拙韵味。明清文人多寄情于山水，崇尚自然灵性之美，而在设计制作笔筒时也不事雕琢，以朴拙为上，他们突出、强调的便是这种材质纹理的自然美和书卷气，而此件笔筒以其返璞归真的稚趣，契合当时的文人意境，于今日观之仍可细细品味。

图十三　濮仲谦制竹雕诗文笔筒

明末清初仲谦款竹雕山水图纹笔筒，香港东京中央拍卖公司2016年三周年拍卖，估价8—12万港币。此器竹筒制成，色如秋枣，通体用较深的浅浮雕作田园图样，下有紫檀补底，浅挖五足。笔筒画样以群山流云为边框，内部所雕远有奇峰峻岭，流云飞渡，近有田园农作之景，宛若“人间仙境，世外桃源”，景内陡崖之下，立有苍松一树，枝杈盘扎，下有角屋，屋中有人持书而坐，面容清秀，有如痴如醉之感。屋下有一农夫，双腿前弓后蹬，执锄而作，帽笠之下，眉眼须髯清晰可见。农夫身后有假山一座，假山之后有单孔石桥一座，石桥雕双侧围栏，围栏之上以螭龙纹饰之，线条清晰，富有动感。石桥之上立有一樵夫，肩担柴薪，一手握担，一手扶薪，面带微笑，身态轻盈，大有如履平地之感。石桥之后有山涧小道，上有垂钓收获者，亦有牧牛人牵牛而过者，小到垂钓者手中之鱼儿，再到牵牛者肩扛手拉之神态，莫不都是惟妙惟肖，气象万千。山崖处有阴刻行书“丙子秋日仲谦”款，字体秀美。整体雕工精细可叹，深浅得当，层次感强烈，人物山水布局繁密而不凌乱，尤其在人物的表情和山石树及流云的转折处之处理，手法老道，使得画面极为丰富生动，是明末清初竹雕经典之作，异常难得！此外，还有竹雕仲谦刻晴耕雨读图笔筒，2012年株式会社东京中央拍卖第二回珍藏艺术品拍卖会拍品，高15.5厘米，估价4万。

图十四　仲谦款竹雕山水图纹笔筒

图十五　仲谦刻晴耕雨读图笔筒

还有一些作品，见诸文献，褚德彝在《竹人续录》附卷《竹尊宧竹刻脞语》卷末称："濮仲谦，《初月楼闻见集》言其技艺之巧夺天工，其竹器一帚、一刷，勾勒数刀，便与凡异。数年前曾得其竹扇骨，刻双松缠茑萝，纠结不断。浅刻款'仲谦'二字，然此种刻法似未足云巧也。顷得一竹笔筒，高三寸余，刻作一老松，松身霜皮重叠，磥砢如数百年古松状，旁干斜出，针鬣掩覆。树腔稍空处，二老正展画幅共观。一老者在旁，手握如意，俯身审视。身后二童，一手持一杖，一在后同窥伺，眉目意态，各各不同。入手色泽莹洁，不知其为竹也。松节下有'仲谦制'三字，浑古朴雅，灭尽斧凿痕。练水竹人中惟松邻足与抗手，刻竹至此，叹观止矣。且收藏得所，色如黄玉，丝毫无损，尤为难得。因援竹罂草堂例，名所居曰竹尊宧。"又据《五石瓠》记载，他曾为明清之际秦淮名妓柳如是制作过两双弓鞋的底板。弓鞋是古代缠足的小脚女人穿的鞋，因其形弯曲如弓而得名。夏天住在南京，谁都害怕这里的湿热，但用竹子为鞋底板，穿起来凉爽舒适，自然妙不可言。区区微物，足见濮仲谦富有创意。

《太平府志》曾经记载他有巧思，以镂刻名世："一切犀、玉、竹皿器，经其手即古雅可爱。"从这个记载我们可以看到濮仲谦不光刻竹，还制玉，制犀，刻象牙。仲谦的大璞不斫和浅刻为高古独绝。所谓"大璞不斫"就是说略施雕琢，随形略施雕琢与一般刻竹不同，有比较高的艺术修养才能做，要能够提炼，因此能够继承这种技法的人不多。濮仲谦最有特点的就是他的浅刻和毛雕，这种浅刻法是一种阴刻，他的雕刻细如发丝。今天看到的这几件濮仲谦的东西跟文献记载的濮仲谦的特点不是非常符合。如前文所记的故宫博物院馆藏的濮仲谦根雕的松树形壶大约能够看一点随形出来，但却是镂雕、高浮雕、深雕作品。南京博物院藏濮仲谦的“八仙过海”笔筒，也是跟濮仲谦的阴刻毛雕的特点不符的，但是我们看到这件笔筒的云雾纹、云气纹、水纹的处理还是非常有功力的，而且层次非常鲜明，“八仙”人物非常生动，所以现在基本认可它是濮仲谦的作品。

人们所称道的是濮仲谦作品不加雕饰地对自然进行描写，同时又没有丝毫虚浮做作之心，如李白所说的“清水出芙蓉，天然去雕饰”。也正是这种风格和神韵，同时在写实上也要敢于“如实描写，并无讳饰”。濮仲谦的创作风格对后代的影响则较多地体现在其洒脱空灵的风格和情趣方面。濮仲谦的创作更多地追求描绘事物的神韵，而不是沉溺于琐碎的对景物的表面摹画；同时，其在意境方面则重于表现出感受，将情感深深寓于不知不觉间，“状物、写景，均在似实非实、似虚非虚、似幻非幻之间”，有着更深的美学意义。清初学者宋荔裳在《竹罂草堂歌》中赞誉濮仲谦的记载，不仅说明濮仲谦是位身怀绝技、一艺多能的雕刻艺术家，而且说明了他的独具特色、与众不同的刻竹风格。

第五章　南京对濮仲谦竹刻艺术的影响

濮仲谦曾经生活在南京，也成名于南京，他所创作的竹刻艺术被誉为金陵派竹刻，影响深远，也丰富了南京的历史文化。当然，南京对濮仲谦竹刻艺术也是有一定影响的。这种影响是多方面的。一是南京的地域文化及艺术特点，对工艺特别是竹刻风格的影响。二是明代南京的社会文化对濮仲谦竹刻的影响。三是南京的社会生活对濮仲谦竹刻的影响。四是南京区域的审美思想对濮仲谦竹刻的影响。五是明代其他艺术形式对濮仲谦竹刻艺术的影响。六是南京区域的商品经济对濮仲谦竹刻的影响。七是南京风景为濮仲谦竹刻图案提供了素材。

南京是我国“六大古都”之一，具有2500年左右历史的文化古城，先后有10个朝代在此建都，是国家级历史文化名城。南京依山傍水，其特定的区位与自然环境、悠久的历史文化传承以及长期规划良好的城市建设孕育成了山水城林一体、历史文化荟萃、庭院林园遍布，自古就是宜人居留的佳丽地。但是，南京尽管是吴头楚尾，承汉启唐，却没有西安的汉唐文化的鲜明特色，甚至也没有苏州的吴文化、武汉的楚文化的鲜明特色；始终置身于南北地域的对话、江海水域的冲突、历史震荡的焦点之中，也让南京受到了意外的挫折，总是处于外来力量的冲击之中。从工艺来说，明清时期，南京的艺术风格和工艺文化处在扬州的扬式工艺和苏州的苏式工艺的夹击下。我们首先说说苏式工艺和扬式工艺。

自宋元以来，以苏州地区为代表的苏式工艺开始崛起，苏式工艺的美学特点：精细秀雅。苏式工艺不仅精细化、精致化，同时也追求形式与内容所表达出的和谐与雅致。除了技艺层面上的“精、细、雅、巧”，更注重文化审美的精神层面表达及题材内容所展露的气韵，具有极其鲜明的时代特征。入明以后，包含苏式工艺的苏州文化成为文人精英文化的代表。

明代后期流行起来的“苏样”“苏意”，是苏州风尚的代名词，从生活方式到行为方式，举凡服饰穿着、器物使用、饮食起居、书画欣赏、古玩珍藏、戏曲表演、语言表达，无所不包。自明后期至清中期绵延了近三个世纪之久的苏州风尚，不仅仅是一种炫耀性的风尚，而且还是品位和身份、意蕴和境界、风雅和脱俗的象征。苏式工艺所代表的风格典雅、用料考究，造型流畅，不事雕饰，精工细作，也深受世人推崇。

扬式工艺在“苏式工艺”的辐射版图内，工艺不免受苏式影响。无论是竹木牙角雕刻、织绣、家具、漆器、玉器等，风格和技法上，扬州制作都和苏州制作差别不大。并且此时的扬州工艺，在接受苏式的基础上，因浓烈的盐商文化的侵蚀，出现了一定的变异，形成了自身的特色。穷极华丽，虽为精工，但有时反而过于烦琐。

而夹击下的南京工艺有了自己的特点，我们姑且称之为“金陵工艺”。金陵工艺从明初到明代中后期形成，南京的非南非北的地理位置，多次成为政治中心的历史，形成独特的历史文化。考察明清金陵工艺，可以发现这样一个特点，即脱胎于苏式工艺，蕴含厚重的历史文化遗韵。比扬州工艺多意趣，比苏州工艺多严谨厚重。濮仲谦和金陵派竹刻在这种工艺氛围中，深受影响。

说一下明代南京的社会文化对濮仲谦竹刻的影响。明代特别是明代中后期的南京，其社会文化处在一个思想和艺术大变革的格局中。明王朝统治的即将崩溃使得儒家的思想体系受到质疑，王阳明心学盛行，主张内省，注重人的自我实现和主观精神的巨大作用，而李贽与狂禅派人士则宣扬个人主义式的哲学，这种情况使得明代中晚期文人具有一种反传统的精神，他们放弃了儒家经世致用的理想，追求精神的自由和闲适，沉迷于与传统截然不同的审美格调和艺术趣味。明代中晚期南京知识阶层从理学泥沼中走出来，经历了从抑情到纵情的转变，在这个过程中，他们追求的人格理想与文人风度发生了偏向，他们推崇“癖”“病”“痴”“狂”的文人品格，讨厌完美的圣人贤君，欣赏有弱点、有缺陷的高士畸人。他们认为，文人有个性，有特点，有锋芒，有痴病，才是真人，才有诗意。因此，“文人余暇则悠游于诗文书画”，清供、清玩、清赏这类的生活情趣在文人阶层中普遍流行。所谓清供、清玩、清赏，其本质就是把生活中的每个细节都艺术化，在日常生活中营造或寻找一种古雅的文化气息和氛围。可以说，明代中晚期的南京，整体的社会文化气氛营造了濮仲谦竹刻艺术产生和发展的土壤。

明代中后期的南京，没有战乱，没有饥荒，文化昌盛，商业繁荣，文人在物质享乐的同时，寻求艺术的享受，创造了一种以消闲遣兴、修身养性为目的的艺术化生活方式，这种生活方式使得南京社会具有一种整体的艺术气氛。在这种氛围下，竹刻扇骨、笔筒、臂搁、摆件等竹刻艺术品便成为明代中晚期文人案头、床榻边的消遣之物。

再说一下南京的社会生活对濮仲谦竹刻的影响。明代南京人特别会生活。留都南京是明代的经济和文化重镇，因其移民人口众多，商业经济繁荣，其城市民俗具有浓厚的消费性、娱乐性特点。明太祖朱元璋定都南京后，每逢元宵节都在秦淮河畔组织放灯盛会，后来还把原先的正月十三上灯日提前到初八上灯，将灯节时间延长为十夜之久，成为我国历史上时间最长的灯节。明人的《帝京景物略》记载："上元十夜灯，则始我朝。太祖初建南都，盛为彩楼，招徕天下富商，放灯十日。"南京学者顾起元的《客座赘语》对当地饮宴风俗的变迁记载得十分详实："南都旧日宴集，至正德、嘉靖间，乃有设乐及劳厨人之事矣。"南京民风日渐奢荡，宴客不仅肴馔比此前丰厚，器具更为精美，排场更大，以伎乐侑客之风也开始盛行。南京是南国子监和江南贡院所在地，数万名士子为应试或求学而常年聚集于此，不少志趣相同者组织了各类文社或诗社，定期举办文会活动。钱谦益在《金陵社集诗》序中列举的各时期大规模的社团就有鹫峰诗社、青溪社、白门社、金陵诗社和蓬莱社等。社集之日，士子们在以文会友、切磋时艺之余，"相与选胜征歌，命觞染翰"，观剧赏曲成为必不可少的雅事。尤其到了明末，社集伴随着大规模的演剧活动成为常态。濮仲谦竹刻艺术品中充分地展现了士大夫闲适的生活情趣和文人的艺术品位，也暗示了一种避尘离俗的渴望。在清静幽深的环境中，追求一种富有艺术意味的、自然的生活情趣，这种情调的山水、花鸟题材在明代中晚期竹刻中俯仰皆是。竹刻中描绘的点景人物更是世俗化的明代中晚期文人形象的真实写照，著书、探梅、听涛、访菊、话旧、赏花、对酌、品茶、鸣琴、赏文、对弈、读书、吟诗、钓鱼、临流等，这些母题构造了一幅幅最理想和美妙的人生行乐图，相当准确地表达出许多明代中晚期文人的心声：充分地、最大限度地享受生活的精致雅趣，尽可能地满足人的心灵与感官的所有欲望，最大限度地享受生活情味，这是明代中晚期许多文人的生活理想。

南京区域的审美思想对濮仲谦竹刻也有重要的影响。我们知道中国文人以崇尚儒雅淡泊为传统，明代中晚期文人也有追求闲适清淡的一面。明代中晚期文人喜欢淡泊的心态和风度，他们甚至将清淡当作一种胸襟和修养，一种情致和境界，也当作一种重要的审美思想。淡于世味，清静悠闲；淡于度日，粗衣蔬食；淡于交际，不肖虚礼，淡是人生之宝，淡是生命之源，淡于世事，淡于名利，淡于欲念，情性淡泊无为。淡是追求一种雅致和天然之韵，追求自然的美学风格。明代中晚期南京区域的审美思想更是以寂淡为表现特色，追求浑然天成的艺术效果，这与传统制作的审美观相反。这是南京长期作为留都所形成的。

濮仲谦竹刻题材中表现的内容从山水庭园、仙道佛僧、高士童子到梅兰竹菊、花草树木、飞禽走兽、金石彝鼎、博古赏石，生活中的细节都可以纳入艺术表现的题材。在这种清淡的审美中，濮仲谦以淡泊简约的雕刻方式把对政治的抱负化为对自然生活的向往，在工艺题材中找到了排解精神苦闷的地方。我们能从他存世不多的作品中发现，他怀抱着独特的文人精神气质，尽管不能实现忠君爱国、以天下为己任的政治理想，但寄情于山水自然、花鸟世界，追求平淡天真的生活也是精神上的一种释放。

南京区域的商品经济也对濮仲谦竹刻有重要的影响。从社会角度来看，明代中后期江南区域社会稳定，南京地区的物产富足，很大程度上促进了商品交换，使得外贸、内销等活动更加频繁。随着这种情况的出现，该地区的消费主体购买力大大地增强，消费主体对竹刻艺术的需求以及内容形式起到了重要的影响，经济繁荣对竹刻艺术的生产消费乃至于风格特点的转变产生了很大影响。社会稳定，航运、陆运的发达，同时使南京区域聚集了大量的来自各地的商人，他们获得经济利益成为富商大贾的同时，更大程度上变为竹刻艺术的消费者，他们购买竹刻艺术品的能力和次数也不断增加。还有江南地区的官宦世家利用便捷的交通，聚集了大量的财富，同时，交通的便利也为作为商品本身的工艺品起到了提供更大的交易空间的作用。有着以上这样一种极具经济实力的消费群体，不言自明的是，工艺品的创作内容及形式在此时受到了一定的影响是意料之中的。从经济角度来看，商业的繁荣促使了市民阶层的崛起，在此时，“士”“农”“工”“商”首次提到了平等的地位，甚至出现了重商的局面。此时艺术品、工艺品的欣赏主体由文人士绅向市民阶层转轨，工艺品欣赏者的主体改变在此时也影响了工艺家创作的思路及风格。这种商业特征使大量的手工艺劳动者得以生存发展，并获得了经济利益，更大地拓宽了工艺品的欣赏群体，实现了上至公卿大夫，下至贩夫走卒对艺术品的投资，从而使竹刻等工艺品具有了雅俗共赏的风貌。这种重商的风气还表现在此时艺术家、工艺家大多不愿入仕或对此持消极的态度。

南京风景也为濮仲谦竹刻图案提供了素材。南京自古不仅是一座人文底蕴深厚的历史文化名城，也是令人向往的风景秀美之地。山水城林融为一体，江河湖泉相得益彰。南京的山，既有钟灵毓秀的紫金山、幕府山，也有通灵养慧的清凉山、狮子山；南京的水，既有奔腾不息的长江，又有幽静妩媚的玄武湖、莫愁湖；南京的城，既有湮没难寻的三国石城、六朝古城，又有恢宏壮丽的明朝都城。

“江南佳丽地，金陵帝王州”。千百年来这些自然与人文的有机融合，形成了南京历史上若干著名的景观。明天启三年(1623)完稿并付梓的《金陵图咏》就形象地记载了明末南京的胜景。《金陵图咏》又名《金陵四十景图像诗咏》，由朱之蕃与陆寿柏共同编绘。朱之蕃(1548—1624)，南京人，明代万历年间的状元，曾当过礼部右侍郎，去世后追赠礼部尚书。朱之蕃晚年隐居南京。陆寿柏为明末画家，生卒年不详。《金陵图咏》采用前图后文、图文并重的布局，前一面为画，均为竖构图；后一面为考证各景点历史沿革的图记和七律诗咏一首。景点名称一律为四字，精雕细琢，朗朗上口。书后附有松江府人杜士全《金陵四十景诗纪》，包含和诗四十首。《金陵图咏》中的四十景依次是：钟阜晴云、石城霁雪、天印樵歌、秦淮渔唱、白鹭春潮、乌衣晚照、凤台秋月、龙江夜雨、弘济江流、平堤湖水、鸡笼云树、牛首烟峦、桃渡临流、杏村问酒、谢墩清兴、狮岭雄观、栖霞胜概、雨花闲眺、凭虚听雨、天坛勒骑、长干春游、燕矶晓望、幕府仙台、达摩灵洞、灵谷深松、清凉环翠、宿岩灵石、东山棋墅、嘉善石壁、祈泽龙池、青溪游舫、虎洞幽寻、星冈饮兴、莫愁旷览、报恩灯塔、天界经鱼、祖堂佛迹、花岩星槎、冶麓幽栖、长桥艳赏。画面为纸本白描，右画左诗，以写实手法描摹金陵的山水城林，生动形象。每幅绘一景，共四十景，意境悠远。所绘四十景对应的紫金山、牛首山、白鹭洲、狮子山、凤凰台、莫愁湖、栖霞寺、雨花台、燕子矶、秦淮、报恩塔等地，至今仍是南京名胜。

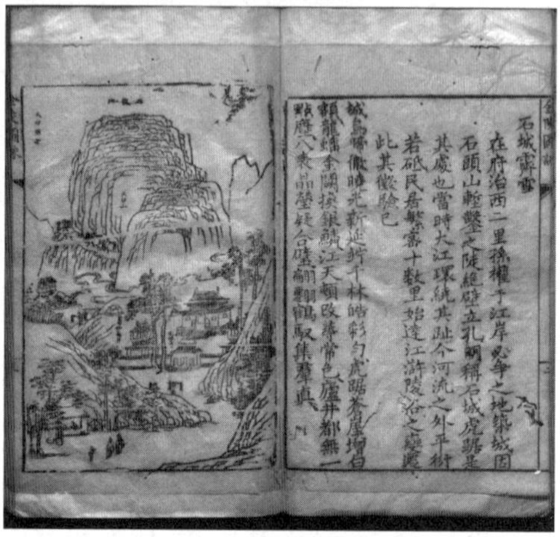

图十六　《金陵图咏》

濮仲谦准确捕捉到了金陵风光的壮观景色。他在竹刻过程中逐步营造出极其丰富的质感效果，最终形成了一片繁茂的风景。

除了以上所论述的南京对濮仲谦竹刻的影响以外，明代南京的商业繁荣与仕途恬淡还对濮仲谦竹刻的创作意愿产生影响。这种影响主要通过地域文化中所特有的价值观起作用。一个人的价值取向不同，其创作的欲望和动机就不一样。在一个官本位思想比较浓厚的地方，在一般人的价值观中，官职的不断升迁才是最值得追求的。因此，即使有比较好的创作机会，只要有官职上的诱惑，人们的一般选择还是从政当官。而在一个经商和文化艺术氛围浓厚的地方，在一般人的价值观中，最成功的是那些成功开办了企业的创业者。因此，不仅普通人把创业当作最有价值的事情，从政者也可能弃政从商。这样的例子，在那些创业精神、创业文化浓厚的地方非常明显。

综上所述，南京这座风景如画的历史文化名城给濮仲谦带来了无穷的创作灵感，他的竹刻和他所开创的金陵派竹刻在创作理念、审美思想、工艺风格等方面，无不被打上这座城市的烙印。

第六章　濮仲谦雕刻与同时代艺术的关系

明代中后期，随着经济的高速发展，商业和手工业的兴盛，应运而生了大量不同的工种，分工之细、包罗之广让人叹为观止。明人凌濛初编著的拟话本小说集《拍案惊奇》中就提到了“三百六十行”之说。丰富的原料流通、便利的交通运输和能工巧匠的聚集生产提供了大量的百货器用和赏玩摆设，形成了大量产品集散地，促进了市场的繁荣。这种规模化的市场效应刺激了生产和消费，反过来又进一步调动了生产者的积极性，推动了生产者的精细化。百工工艺制品精品化的发展趋势使得无论是明代中叶知识分子中的复古风潮还是晚期全民对时尚商品的追逐，著名工匠的作品都最被看好，而其中一些顶尖工匠甚至成了各种工艺品的代名词.明人王世贞在《觚不觚录》中记载“今吾吴中陆子刚之治玉，鲍天成之治犀，朱碧山之治银，赵良璧之治锡，马勋治扇，周治治商嵌，及歙吕爱山治金，王小溪治玛瑙，蒋抱云治铜”，皆以匠人的名字来代表工艺产品，且“皆比常价再倍”，却依然受到了赞赏和追捧。濮仲谦的竹器也在其中。清人阮葵生《茶余客话》记载：“昔人治一业，攻一器，足以传世行远而不朽，较之抱兔园一册，饱食终日，老死牖下，淹没而无闻者，不可同年语矣。如陆子刚（一作冈）治玉，鲍天成治犀，朱碧山治银，濮谦治竹。”清人程庭鹭《多暇录》称明代名匠有“雕竹则濮仲谦；螺甸则姜千里；嘉兴铜炉则张鸣岐；宜兴瓦壶则时大彬”。这些口碑和声誉出众的工匠的产品已被视为品位和个性的象征而被社会认同。考察这些出类拔萃的匠人和他们的作品，可以看出明代甚至明以前的园林艺术、家具艺术、绘画艺术、漆器艺术对其工艺和作品或多或少有一定的影响。以濮仲谦刻竹为例，我们从濮仲谦的作品中可以看到园林的景物表达出“逍遥”的情趣。可以看到绘画中的构图留白，可以看到明式家具的文人意趣，可以看到漆器中的审美理念，诸如此类，不一而足。

园林艺术

北宋黄休复在《益州名画录》中，将中国画在等级上划分为逸、神、妙、能四品。其中逸品为最高境界，所体现的意境是超自然的，且能产生最为丰富的诗的意境。园林艺术是中国古典艺术的一个重要组成部分。欣赏中国古典园林和观看中国书画一样，会得到极大的艺术享受。这样的享受是由于园林艺术完美地演绎了“借景抒情”的境界。中国园林艺术在明代是个发展高峰，这是以江南私家园林的兴盛为主要标志的。明代江南园林的蓬勃发展，是在诸多因素的共同影响下产生的。首先，明代江南地区成为中国政治、经济、文化的发达地区，使园林建筑的发展具有坚实的物质基础和文化背景；其次，自唐宋以来，园林意匠逐渐从“写仿”自然山水转变为创造人工山水，至明朝中后期，这一创作原则在人文精神的影响下得以确立。同时，明代艺术家们投身于园林设计中，与工匠们一道为江南园林的兴盛付出了辛勤劳动和不懈努力。

明末清初的江南园林在造景过程中，将营造者自身的感悟融入进去，通过客观景象和自身情感的交融，成就一个具象的人性化情愫的灵境。园林中的亭台楼阁、粉墙花影、碧池波痕、幽壁古树、奇峰异石，营造出浓郁的诗情画意。更深层次的是园林中大量堆山叠石、凿池引水，都可以与古人的理想人格联系和比较，而园林中的梅、兰、竹、菊也是君子比拟高洁的象征。这种创作思路，以模仿自然山水转变成创造人工园林山水的神似为表，以精神表达为里。这一点与濮仲谦竹刻何其类似。濮仲谦竹刻中的园林人物也是明代园林艺术的反映，雕刻人物的活动，如文人雅集、文酒唱酬，表现文人的园居生活。有的是以单幅小景的形式表达，有的采取逐景描绘的方式，有的则是结合了总合式的全景构图以及分解式的细景构图描绘庭园全景。另外，明代园林的“若以城市中而求隐居”的境界，正符合明代文人的隐逸思想。艺术是时代的反映。濮仲谦竹刻中最核心的要素，并不是简单的“清风朗月”“小桥流水”的园林山水景观的再现，而是文人对“逍遥”的要求。沈周《市隐》中说得好：“莫言嘉遁独终南，即此城中住亦甘。浩荡开门心自静，滑稽玩世估仍堪。壶公混世无人识，周令移文好自惭。酷爱林泉图上见，生嫌官府酒边谈。”

绘画艺术

明代的绘画，技法已十分成熟。明代画家以元人绘画为艺术载体，同时汲取了宋人艺术之长为己所用，在他们的画作中既体现了元人画的文人气质，又有了宋人画的立意布局、刻画景物之长，当然还兼备了浙派的硬度和力感。山水画基本创造已经完成了，山水画的发展从此开始了另一个阶段——对已有风格和技法交融变异和深化的阶段。花鸟画方面，陈淳、徐渭出，以更放纵的笔法画水墨花鸟画，从而将写意花鸟技法又向前推进了一步，称“大写意”。造型方面，徐渭抓住所摹之物主要的形象特征和神气，而舍弃大量一般性的细节，使形象更为典型。这与濮仲谦竹刻的雕刻风格不谋而合。

与濮仲谦竹刻和金陵派竹刻联系最为紧密的是明末诞生的金陵画派。金陵为南京的古称，是一个山清水秀、物产丰富的江南胜地。早在六朝，中国首都为建康（南京）之时，来自各地的英杰才子纷纷汇聚在此。根据《历代名画记》记载，六朝名画家102人，“六朝四家”——东吴曹不兴、东晋顾恺之、南朝宋陆探微、南朝梁张僧繇享誉最高，唐代张怀瓘评六朝画谓：“张（僧繇）得其肉，陆（探微）得其骨，顾（恺之）得其神。”另戴逵、宗炳、王微等画家也名噪一时。到了明末清初百余年间，“金陵画派”逐渐兴盛，因兴盛于金陵地区而得名。其以龚贤为首，据画史载，一般公认者有龚贤、樊圻、高岑、邹喆、吴宏、叶欣、谢荪、胡慥八人，称作“金陵八家”。他们的画作以山水为主，兼工花鸟，推崇宋代绘画风格。山水挺拔高耸，笔法坚实，画面丰茂；花鸟近于工笔，色彩浓艳。

金陵画派一方面有着鲜明个性的艺术特征，在创作思想上坚持寄情山水，感悟生活，关注苍生，关爱生活；在创作方法上力求现实社会与理想境界的和谐统一，生活气息与笔墨气韵相交融。另一方面，金陵画派的画家们坚持着独树一帜的创作精神。他们完全独立于当时谓之“正统画派”的“四王”之外，自成一派。其创作打破常规，透露着浓郁的遗民气息，挺然而出，破百年沉寂、复古、陈陈相因的沉闷画坛，顿开一代之先河。龚贤为首的“金陵八家”带着遗民士人的独特气质，遁迹于山林，醉心于绘画，对故国的缅怀惆怅渗透在笔下的青山绿水间，借潇洒的创作来排解心中亡国后的悲伤情怀。所以他们的作品浸润着或浓或淡的遗民色彩，都有一种清新静谧、明丽幽然，却又傲然清高、超脱俗世的气质。

金陵画家遁迹山林、隐居不仕，同时创作风格以细淡见长，墨色清淡，对濮仲谦竹刻艺术有一定的影响，虽然没有史料表明濮仲谦与当时的金陵画家有所往来，但濮仲谦留寓金陵，应能与其在艺术上有所交流、汇融。

家具艺术

明代家具是当时文人生活的一部分，承载了文人的情感、价值观和时代烙印。它的诞生直接受到了明代政治、经济、文化、科技和生活环境的影响。明代家具的特点，表面上看创新之处在于，选材上由注重髹漆工艺的柴木发展为崇尚使用名贵的硬木，造型上比前代更加注重科学性与艺术性的完美结合。实际上，明代家具尤其是标准的明式家具，在审美思想和文化内涵上与以往相比有了前所未有的改变。突出表现在运用使用性优良、色泽美的硬木，在制成家具之后没有过多的镶嵌、包贴和雕饰，多是将外表打光烫蜡，重在突出木色和纹理。至于明代家具中所用的五金饰件、采用的雕刻图案，及造型款式上的创新等，都具有独特的实用性与艺术性。加之辅助部分构件上的小面积点缀雕饰，使明代家具呈现出一种隽永、古朴、端庄、刚柔并济的独特风格。它的自然朴实的风格，与园林山水之美相互呼应，都与时人追求的超然闲适的生活态度息息相关。凡此种种，都表明随着时代特征和人文精神的改变，人们的审美体验和价值取向也在不断发展变化，进而反映在生产和生活的各个方面。著名家具研究专家王世襄先生在《明式家具的“品”与“病”》一文中将明代家具的视觉形象从鉴赏的角度，列成“十六品”：简练、淳朴、厚拙、凝重、雄伟、圆浑、沉穆、秾华、文绮、妍秀、劲挺、柔婉、空灵、玲珑、典雅、清新。

就艺术而言，明代家具不以繁缛的花饰修漆取胜，而是着重于家具外部轮廓的线条变化，因物而异，各呈其姿，体现家具简洁明快、柔美典雅的气质，给人以简洁、明晰、清雅、空灵的体感。这与濮仲谦的竹刻创作理念非常契合。应该说，濮仲谦的竹刻从明式家具中吸取了灵感。濮仲谦的竹刻和明式家具都简约空灵，这从骨子里都来源于中国传统的诗歌和绘画艺术，表达的是一种空灵的意境。这种“灵的空间”是中国文人独创的、有机的审美心理场，是文人宇宙意识和生命情调的诗化，以及认知外延的“无极之境”。不是西方的极简主义，那是功能主义的极端表现。另一方面，濮仲谦的竹刻和明式家具都质朴脱俗，对于中国文人而言，过度人工修饰的漆木家具过于平庸俗气，脱俗是他们寻求新家具设计的重要原因，他们对自然质朴的追求不仅仅是停留在材料的原始感上，更重要的是包含了对世俗雕琢和投机取巧的反叛；这种质朴是文人在具体的产品形象设计中表现出的对天真、纯洁和脱俗的专注，以及拙守大雅的境界。濮仲谦的竹刻具有自然清雅、化繁为简的创作风格，以空达意，以无胜有。这是明代中晚期，文人虽多表现得放浪不羁，但其内心始终保持高洁，追求含蓄内敛的反映。

漆器艺术

漆器从春秋、战国时期的朱漆与黑漆髹饰结合、秦汉的彩绘和镶嵌，到隋唐的薄螺平脱，宋代的素髹与“软螺钿”，再至明清的雕漆类漆器，都体现了极高的工艺美学价值及道法自然、天人合一的人文追求。明代是中国漆器工艺发展史上的一个重要时期，漆器工艺不论官营还是民制，都得到了极大的发展。漆器工艺呈现出了“千文万华，纷然不可胜识”的景象。明代在漆器工艺上最重要的创新，还在于黄成所著的《髹饰录》。有关漆器工艺的论著，五代朱遵度曾著《漆经》，但已失传，《髹饰录》是中国也是世界上现存最早的漆器工艺专著。《髹饰录》全书分乾、坤两集，共18章186条。《乾集》讲制造方法、原料、工具及漆工的禁忌，《坤集》讲漆器分类及各个品种的形态。《髹饰录》把漆器制作归纳为“巧法造化、质则人身、文向阴阳”。从宋代到明代,区域性共存的手工业布局是漆器与瓷器、金银器、竹木器形态互仿和工艺类同的地缘基础。正是在这种生产格局下,不同手工业门类之间表现出彼此促进、相互融通的繁荣局面。形制、纹样、技法上相似的现象背后,存在着手工产业间更为深入的技术互动与交流。从总体上看,濮仲谦生活的时代,漆器形成了崇尚繁缛细腻、工巧华丽的新特点,构图较中期更加缤密繁复。而濮仲谦从宋漆器、明早期雕漆中借鉴技法。北宋中后期,社会审美风尚转变,在工艺美术上的反映,就是素髹漆器的形成,并运用造型线形成对比,创造典雅形象。南宋初年,素髹漆器发展又将追求典雅推向了另一个极致——求简,形制发生了第二次重要变化。这当与徽宗崇尚仿古,器物形制多古雅、质朴有直接关系。南宋以降,则造型几乎无任何多余装饰,盘、碗、盏托等皆少作花口,而以圆形为主,器物造型洗练,曲线长而转折少,极尽简约之能事。盒(筒形除外)的直线减少,代之以漫弧线条。形制简练而不简单,看似闲庭信步,实则经过精心设计,含而不露,将平淡之美发挥到极致。所追求的是一种由外物形象自然触发而产生的审美情趣,是“言有尽而意无穷”的深层蕴含。明代初期的漆器,在风格上继承宋代的审美理念,虽然素髹漆器不再流行了,但那时的雕漆具有简朴大方、庄重拙朴的风格。题材内容多反映文人士大夫的幽闲生活,诸如南山观瀑、棋琴访友、东篱采菊。濮仲谦的竹刻在雕制风格和题材内容上对明初漆器艺术肯定有所借鉴。而用自己的雕刀对当下的漆器艺术进行了反叛,从精雕细刻的时代氛围中,形成了自己独特的风格。

考察濮仲谦与同时代艺术的关系,我们可以看出,明代中晚期工艺的兴盛应该正是借助于明代中晚期文人独特丰富的灵性、灵气和灵感有了新的文化内涵,它在内容表现和风格方面均表现出灵动隽永的艺术特征,写意手法的画风是明代中晚期工艺的共性,随意自然,体现出和传统技法迥然不同的审美格调和艺术趣味。竹刻园石玲珑剔透,俯仰多姿,令观者仿佛置身于雅洁的庭院,赏心悦目,流连忘返。漆器花卉风情雨露,形态各异,色彩自然。梅花或写瑞雪飘香,或图月光岩鹰。既有主动追求精神自由的闲适,也有反对各种对精神自由有干扰而进行的抗争,它所具有的诗意贴近人的自然本性，它具有供人爱玩的美学价值，具有怡人耳目、悦人心情的审美愉悦性，也是符合明代中晚期文人的审美形式。明代中晚期作为中国社会在政治、经济、文化诸方面所产生的深刻变革的一个时代，从人文精神的层面上使人的主体意识和人的价值得到了伸张，以个性解放为特征的人文主义理念得到了普遍接受，也正是在这股人文主义思潮的推动下，明代中晚期文人的审美意识发生了嬗变。明代中晚期文人的审美意识逐渐走向关注个体生命价值和自由的转型，而明代中晚期工艺美术则是明代中晚期文人真实形象的写照，它们的风格精雅、自然、清高、淡远、灵动、柔弱，不仅代表了明代中晚期园林、家具、绘画、漆器、竹刻所具有的时代特色，也是文人阶层的产物，真实反映了明代中晚期文人的审美取向。

明代中晚期工艺从来就不仅仅停留在对大自然景物的照相式写实，它更多地还是运载着创作者飞动的心灵，浸透着创作者因物而动的主体审美感受，体现着“天人合一”“物我共感”的生命意识，的的确确是“意中山水”。有唐一代，释皎然把绘画创作称为“造境”，张彦远评论宗偃的山水树石也提出“得意深奇”“境与性会”的审美命题，而托名于王维的论画文章中则明确说：“凡画山水，意在笔先。”明代中晚期工艺继承了唐代以来创作中“意”的觉醒，最突出的表现就是濮仲谦的雕刻艺术。濮仲谦的简刻和意雕既吸收了同时代艺术的工艺手法和范式的精髓，又强调“意”，强调精神。

可以说，濮仲谦的竹刻艺术与同时代其他艺术一样，是在明代中晚期人文主义思潮的推动下，在文人和与之对应的艺人两者的审美意识发生了嬗变，审美意识逐渐走向关注个体生命价值和自由的转型契机下所诞生和发展的。濮仲谦竹刻的艺术性是以人文性为其内在支撑，人文性、艺术性两方面紧密统一，其独特的审美价值在同时代艺术之林中别具一格，与同时代其他艺术共同建构了中国工艺美术发展历程中的高峰。

第七章 濮仲谦雕刻艺术对后世的影响

明中叶以后，政治比较黑暗，宦官擅权，佞臣当道，特务横行，党争酷烈，内忧外患，愈演愈烈。贤能忠直，或被贬逐，或遭刑戮。与此同时，思想界涌现了一股反理学、叛礼教的思潮。以王艮、李贽为代表的王学左派，公开标榜利欲、欲为人之本性，反对理学家的矫情饰性，主张童心本真，率性而行。这无疑是对传统礼教的反叛，对程朱"存天理，灭人欲"的理学的挑战。在这种思潮的推动下，文人士子在对社会不满之余，纷纷追求个性解放：纵欲于声色，纵情于山水，最大程度地追求物质和精神的满足。他们标榜高雅清逸，悠闲脱俗，在风花雪月、山水园林、亭台楼榭、花鸟鱼虫、文房四宝、书画丝竹、饮食茶道、古玩珍异、戏曲杂耍、博弈游冶之中，着意营造赏心悦目、休闲遣兴的艺术品味，在玩赏流连中获得生活的意趣和艺术的诗情。

濮仲谦的雕刻艺术诞生在这种氛围中。他在世时间有限，但他的作品却一直在世上流传了几个世纪，而且他的名字至今仍存在于工艺创作者心间。作为中国和世界上的一笔宝贵文化遗产，无论他的名字还是他的作品，都将与人类的伟大文明一起生存下去。

在濮仲谦的思想中，无论早期作品或晚期作品，都不能说没有消极的倾向，这在他的前期作品中甚至更为明显、严重。但他终究不总是消极地逃避。他一生有着强烈的追求，而且在他内心中一向希望有用于世；他明确反对无谓的争逐，反对徒慕虚荣，甚至公然宣称自己不与世俗合流，不与强权合作。这都构成了他的一种独立的思想系统，而且成为一种个性和作风。他宁可贫困也不贪求"身外之物"，不追求不属于自己的东西。他以高官厚禄为耻，以安贫守节为荣。濮仲谦的创作思想和他的创作实践，对于后来的竹刻艺术影响是多方面的，但总归起来则不出一个"真"

字。这里既有贴近自然之真，又有发自内心之真，所谓景真、情真、理真、趣真，在他的雕刻作品中均随处可见。可以说濮仲谦的雕刻之作，从里到外，都透露着自然与真，或者说其表自然，其里则真。他的创作宗旨与创作风格影响了后代雕刻的多种潮流，而且主要并不在于形式的模仿，而是使其精神渗透其中，甚至达到承袭而不自觉。

清初及清中期以后，政治逐渐清明，社会逐渐安定，但文人们追求艺术风雅的兴趣并没消失，竹刻艺术继续实现蓬勃地发展，但相对于朱松邻所创立的嘉定派来说，濮仲谦所创立的金陵派人员相对凋落。金陵派人员虽少，但从创立至近现代，影响却不小。濮仲谦雕刻艺术成为后世金陵派竹刻艺人膜拜的对象。后世金陵派竹刻艺人比较杰出的有潘西凤、方洁等。

清中期的潘西凤，字桐冈，号老桐，浙江新昌人，寓居扬州。精通各种技法。他所制竹刻不事雕琢，追求神态之趣。潘老桐继承了明代濮仲谦的简率刻法，随意刮磨后自然成器，被郑板桥誉为金陵濮氏之后竹刻第一人。传世作品有今广东民间工艺馆所藏的随形竹根笔筒、上海博物馆所藏的潘西凤款阴刻梅花笔筒和潘西凤留青菊石图笔筒。

清代嘉庆、道光年间的方洁也是金陵派刻竹名手，人称“方竹”。字炬平，号治庵，浙江黄岩人。清代蒋宝龄《墨林今语》中说他“精于铁笔，刻竹尤为绝技。凡山水人物小照，皆自为粉本，于扇骨、臂搁及笔筒上，阴阳坳突，钩勒皴擦，心手相得，运刀如用笔”。他虽为浙江人，但刻法受濮仲谦的雕刻艺术影响，属于金陵派。他将嘉定刻竹中的高浮雕技法改进，使之成为只稍突出平面几毫分的阳文浅浮雕。最具特点的是在竹臂搁上以阳文浅浮雕刻人像，能够做到须眉逼真，被称为绝艺。清代学者张庭济曾称赞他的竹刻道：“竹人自昔嘐城传，只恐输君更擅场。”

浅刻、简约、雅洁是古今金陵竹刻的主要艺术特征。清代中期以前的金陵竹刻，大多以简洁、浅刻为特色，讲究因材制宜、就形取势，随形施刻，雕琢时不作过多人工修饰，浅浅几凿而自然成器，寥寥数刀却意境深远，格调古朴而淡雅。清末至现代的金陵竹刻中，多数作品的风格仍是如此。到清末，金陵派吸收了留青，留青逐渐成为清末至今金陵竹刻的主要技艺特色，并保持传统的刀工风格。顾名思义，“留青”就是保留竹子表面的青筠作画面图纹，铲去花纹以外的青皮，露出下面的竹肌作地，形成“阳文”，故也称“留青阳刻”。这一技法明代以前已有，至明末张希黄时更臻完善。金陵竹刻何时始有“留青”技法，已无从查考。清代末年“留青”已成为金陵竹刻主流，同时这也是长江三角洲一些地区竹刻的共同趋势。但虽同为“留青”，金陵竹刻与其他地区却有很大不同。如目前皖南等地的一些“留青”竹刻，过多使用较平的刮磨技法，图纹可渐进修饰改动，既缺少层次变化，又无传统的刀法笔锋。而金陵留青竹刻，从清末至当代的赵德祯、赵荣等传人，均一脉传承了明清时期的传统作风，以刀代笔，讲究笔锋。阴刻勾勒叶筋、翎毛、衣纹、发髻等，一刀下去，一气呵成，犹如白描运线，或圆润流畅，刀刀精致，或抑扬顿挫，笔法刀锋毕现；浅刻阳文，轮廓清晰，层次分明，用刀干脆利落，绝不拖泥带水。依画面需要，也用刮刀法，但刮刀讲究层次，分出深浅，形成色泽自然退晕的效果。其功力之深、遗风之浓，他处少见。

到20世纪二三十年代，南京从事竹刻艺术的尚有五六十人，产品主要是扇骨、帽筒等，其制作工坊、店铺，大都集中于城南扇骨营、木匠营、半边营等一带，以及江宁的三庄等地。其中较著名的有张稼秀、张云举、秦富元、俞文龙、陈识泰等，其中以艺人张稼秀的技艺最为精湛。张稼秀，为民国时期声誉最高的金陵竹刻艺人。擅书法及人物，书法多留青阳文，体例多样，字体清秀俊美；人物题材浅、深刻并用，阴刻刀法流畅、起伏有致，须眉唇眼毕肖，有大家风度。传世品较多，在北京知名度也很高。20世纪50年代后，艺人大多在秦淮制扇社从事扇骨雕刻，代表性艺人为赵德桢（1916—2006），20世纪30年代在城南扇骨营随张稼秀学艺，得到了金陵竹刻技艺的真传。1947年应邀到北京琉璃厂刻制扇骨。20世纪60年代起，先后在南京工艺美术研究所、栖霞十月制扇厂从事扇骨雕刻。1985年至2001年，一直在南京工艺美术大楼从事竹刻艺术创作。以“留青”为特色，无论山水、花鸟、人物、书法，均意境深远、古朴淡雅。刀法继承张稼秀精华，精湛至极，下刀一气呵成，深浅有致，生动流畅，或苍劲有力，天然浑成。赵德桢后来便把技艺传给了其外孙女赵荣。赵荣，1964年生，江苏南京人，竹雕工艺师、江苏工艺名人。自幼喜爱绘画，17岁随外祖父金陵竹雕名家赵德桢先生学习竹雕，擅长雕刻山水、人物、仕女。其作品线条流畅、形象生动，体现了金陵竹雕艺术的风格与魅力。1985年起和外祖父一起在南京工艺美术大楼专事竹刻创作。她的留青作品传承了金陵竹刻一贯的传统风格，简洁古朴，自然清雅。她擅刻各种题材，尤长于仕女人物和花鸟翎毛。其用刀技法，或流畅婉转，或苍老浑成，功夫之深，当今竹坛少见。1988年和2005年，曾应邀到日本名古屋和新加坡等多地交流表演竹刻艺术。

图十七　金陵竹刻名家赵德桢

除赵荣外，目前金陵竹刻还有一些刻竹名家在一线坚持创作。他们是林媛英、张林娣、许焱、倪小舟等。林媛英，金陵竹刻传承人，中国民间文艺家协会会员、江苏省民间文艺家协会会员、江苏工艺美术学会会员。1994年起，先后师从竹刻大家范遥青先生、徐秉言先生，历经10余年的潜心钻研，博众家之长，对留青竹刻有着独特的见解，擅刻书作。张林娣，南京工艺美术大师，金陵竹刻传承人。20世纪80—90年代随金陵竹刻著名艺人赵德桢学习竹刻艺术。2009年起，在金陵竹刻艺术博物馆从事竹刻艺术创作。她刻苦学习，逐渐全面掌握了金陵竹刻技艺。作品继承了金陵竹刻的艺术传统，发扬了“留青”的风格特色，自然清雅。刀法精湛，或深浅有致，生动流畅；或苍劲有力，天然浑成。许焱，竹刻艺术家，金陵竹刻艺术博物馆馆长助理、江苏省竹刻艺术研究会理事、江苏省美术家协会会员、江苏省工艺名人，师从著名竹刻艺术家乔锦洪，为金陵竹刻艺术的传承保护做出了自己的贡献。倪小舟，竹刻艺术家，金陵竹刻艺术博物馆馆长助理、江苏省竹刻艺术研究会理事、江苏省书法家协会会员。他长期致力于金陵竹刻艺术的探索与实践，并在传承和弘扬古人技法的基础上有了重大突破，形成了自己独特的艺术风格，更好地丰富了当代竹刻的艺术形式、文化内涵和审美价值，是当今金陵竹刻艺坛的领军人物。目前，金陵派竹刻的代表性传人为赵荣和倪小舟等。

现在，金陵竹刻这一珍贵的传统艺术已被列入非物质文化遗产代表作名录。2009年1月，在南京举办了金陵和嘉定两派竹刻艺术展暨学术研讨会，南京民间还成立了金陵竹刻艺术博物馆。金陵竹刻艺术博物馆是2010年经江苏省文物局批准，南京谷子文化艺术发展有限公司投资成立的一家民营博物馆。走进南京城东富贵山，公交车站东面的一条小巷，透过富贵山小区的铁门就能看到“金陵竹刻”的黑色金字牌匾，而博物馆立面都是用竹子包裹的，特别切题。穿过红色大门，沿着古朴的扶梯走上四楼，就是文艺气息很浓的金陵竹刻艺术博物馆。整个博物馆的面积虽小，但是五脏俱全，400多平方米的空间被隔成几块区域，分门别类展示着金陵竹刻。这里可以观赏到400多年前明代的竹刻艺术品，还能看到当代金陵派竹刻艺术品。2014年，金陵竹刻艺术博物馆承担申请省级非物质文化遗产保护传承基地的项目，现已由江苏省文化厅批准授予金陵竹刻艺术博物馆“省级非物质文化遗产保护传承基地”称号。金陵竹刻艺术博物馆已按项目的要求在全省范围内设立金陵竹刻“名家工作室”12家，建立金陵竹刻“名家艺术馆”2个，设立“金陵竹刻传承人展示厅”1个，建立“金陵竹刻传习所”4家、玄武区民间艺术馆1家。召开金陵竹刻保护、传承和发展学术研讨会1次。组织金陵竹刻艺术名家精品展2场、个人专题展2场，组织“金陵竹刻艺术名家进社区”系列讲座活动3场，组织开展“金陵竹刻进校园”活动3次。召开了由玄武区人民政府主办的金陵竹刻保护与发展推进会。参加了由时为南京市文化广电新闻出版局主办的“刻意江南”——金陵竹刻系列竹刻作品展。金陵派竹刻艺术的价值，正越来越受到社会的重视。

图十八　南京金陵竹刻艺术博物馆

图十九　南京金陵竹刻艺术博物馆内景

有着500年历史的金陵竹刻，2007年被列为首批南京市非物质文化遗产，2009年被列入省级非物质文化遗产的保护名录。但是由于社会文化的冲击，创新理念的进步，金陵竹刻的传统文化地位受到严重影响，如果再不对其进行大力保护和开发利用，金陵竹刻的历史积淀和文化内涵，就会逐渐从我们的生活中逝去，被人们遗忘。

濮仲谦的作品以及他的创作思想和风格，其影响远不止于一两代。可以说，它贯穿在整个中国竹雕史中，而且直到当代，许多作家也还受着他的影响，只不过这种影响的痕迹已经有机地融化在竹雕艺术创作的整个优秀传统中罢了。

第八章　历代对濮仲谦的著录和研究

对于中国传统竹工艺史料研究，历来较为稀少零散，因为竹材作为我国传统的工艺材料，乃易得之物，黄庭坚《对青竹赋》就有“吴楚无竹工，非无竹工，妇能织缉之器，儿能鸡鹜之笼”的记述。明清之际，竹工艺制器物，上升至文人骚客青睐之文玩，对其记载研究稍多。但相比之下，同样是竹刻，嘉定派所得笔墨远超金陵派。从古至今，对濮仲谦和金陵派的著录研究不算太多。南通大学王文杰先生在《中国竹工艺史料研究概论》一文中所列的竹工艺史料，也大致包含了历来研究竹刻的一些专业文献，内容如下：

《竹人录》，[清]金元钰撰，清嘉庆十二年，1807年。

《西厓刻竹》，金西厓刻，上海昌艺社印刷，1913年。

《可读庐刻竹拓本》，金东溪、金西厓著，上海大东书局，1924年。

《竹人续录》《竹尊宧竹刻脞语》，褚德彝撰，1930年。

《刻竹琐谈》，周无方撰，铅印本，1930年。

《治印管见录·刻竹琐言》，黄高年撰，1935年。

《爵雪庐自玩竹刻》，李锡卿辑，影印本，1941年。

《刻竹小言》，金西厓著，王世襄整理，油印本，1948年。

《竹人录》全书分上、下两卷。上卷收录嘉定竹刻匠师小传，下卷摘录前人题咏以及考证等。作者金元钰为嘉定（今属上海）人，生活于清乾隆、嘉庆年间（1736—1820）。上卷记载的竹刻工艺家起自明代正德年间（1506—1521），迄于清代嘉庆十二年（1807），共有70名，其中明代6名，清代64名。在此期间，嘉定竹刻甚为繁荣，形成了一支人数众多的竹刻工艺家队伍，涌现出诸如明代朱松邻、朱缨、朱稚征和清代封锡爵、封锡禄、封锡璋、施天章等名家。书中通过对这些竹刻工艺家的介绍，对嘉定竹刻的发展历史作了比较和概括，并品评了明清两代名家的艺术风格和特色。书中指出，明代竹刻“制度浑朴”，到清代乾隆、嘉庆年间就“渐趋新奇，失古意矣”。《竹人录》虽未主要论及濮仲谦和金陵派，但它记述了濮仲谦同时代的竹刻名家，是研究古代竹刻工艺及其技术、历史的主要依据，有着重要的史料价值。

从《竹人录》我们可以看出，这些文献涉及濮仲谦和金陵派的不多，仅仅只言片语。稍多记载的就属褚德彝撰的《竹人续录》《竹尊宧竹刻脞语》了。另外，明清一些笔记和方志对濮仲谦和金陵派竹刻有所记载，在本书各章节已做介绍，这里不一一例举了。

1949年后，王世襄等先生对竹刻有所研究，影响很大。2013年9月，生活·读书·新知三联书店收录王先生历年撰写的研究竹刻的文章，出版《王世襄集：竹刻艺术》。此书为“王世襄集”之一种，收录了王世襄先生有关竹刻艺术的文章，分为“刻竹小言”（金西厓著，王世襄整理；包括简史、备材、工具、做法、述例、述例续编）、“竹刻小识”（包括竹刻简史、竹刻分派、竹刻的恢复和发展等）、“此君经眼录”（图文并茂地讲述近百件竹刻珍品）、“散记”（记竹刻艺术品）。书中对于濮仲谦、金陵派竹刻有自己的见解，对不少传世濮仲谦款识的作品给出否定的意见。

除此之外，各公立收藏机构也陆续出版一些图录、书籍，对收藏的濮仲谦作品进行介绍和研究。许多研究者也发表了一些研究文章，我们列举一些，供读者参考。

2002年紫禁城出版社出版了故宫博物院编的《故宫雕刻珍萃》，在“总论”部分，叙述了宋元及以前竹木牙角工艺发展状况，明清两代竹木牙角工艺的发展。在明清两代重点谈了嘉定派和金陵派。指出：“在明清时期出现有名的能工巧匠多达六七十人。这些人创作出许多雕刻技法，将竹刻艺术在江南地区发展起来，在工艺美术史上留下了辉煌的业绩。”论及金陵派创始人濮仲谦，指出他是金陵人，对于他的技艺，引用《出月楼闻见录》《太平府志》，并指出：“濮仲谦应是一艺多能的。在深浅浮雕中，由于对雕刻技法欣赏角度的不同，他最喜欢的是做随形呈自然之态的天然之器，或是以用刀很浅的浮雕技法为主，有人称之为水磨器磨制的作品。当时他用这种技法刻制扇骨、酒杯、笔筒、臂搁之类，也使用在木器、牙角之上，曾妙绝一时，受到世人喜爱。北京故宫博物院收藏他的竹刻制品有两件，一件是采用高浮雕技法刻制的松树形壶，一件是以水磨浅浮雕技法刻制的竹枝笔筒。小壶经过精心设计，灵巧、古朴兼而有之，是难得的竹刻精品。竹枝笔筒是仿照李息斋双钩竹画本刻制而成的。竹枝向、背低垂的姿势仿佛正经受着风雨的侵袭，生动自然，韵味无穷。”

故宫的《紫禁城》杂志2017年第1期发表了《明嘉靖濮阳澄（濮澄）竹雕松树形小壶》，文章虽短，但将其明确为故宫的镇院之宝，指出此文物20世纪60年代经故宫专家顾铁符、朱家溍鉴定，明确为濮仲谦的佳作，定为一级文物甲等。文头将此文物在故宫基本信息列出，十分难得。故宫文物编号为“故00120980”，底账名称“竹雕壶”，参考号为“留平57999”，来源于热河行宫。

海啸在2006年第6期的《收藏家》发表《大璞不斫的明清金陵竹刻》，主要观点认为：“濮仲谦真迹，传世极罕，大抵雕工繁琐而题材庸俗者，多为后人伪刻。北京故宫博物院藏有一件濮仲谦竹根雕松树形小壶，形状奇特，壶身、壶盖和壶底雕成一株苍劲的古松，壶把、壶嘴作两根盘屈的松枝，周身枝繁叶茂，犹如一片树荫。其构思新颖，刀法简练，风格浑朴。而王世襄先生旧藏雪景寒林图臂搁则为濮仲谦竹刻的典型作品，近景山石坡陀，古木枒槎间茅舍三间；远景山峰耸立，山石以阴文披麻解索皴为之，极简约概括。其布局刀法，于简率中见朴拙之致，耐人寻味。左有程嘉燧（1565—1643）崇祯十二年题诗。当然，明末金陵竹派的崛起绝不是一蹴而就的，它的产生还与正德、嘉靖年间的金陵竹刻家李耀有一定的关联。李耀，名昭，字文甫，技艺精湛，对濮仲谦竹刻产生了极为重要的影响。从某种意义上说，李耀称得上是金陵竹派的先驱。李耀擅长象牙印章，以刀代笔绘山水、花鸟，风格简洁明快。明代篆刻大师文彭所作牙章，多出其手。又工扇骨雕刻，所镌花草，皆玲珑有致，声名远播，至清代还有‘旧京扇，贵李昭’之说。濮澄刻扇，其实就步李耀后尘。”

陆原在2015年第1期《收藏》发表《金陵派竹刻及其艺术特色》一文认为“李耀、濮仲谦等名家的出现促进了金陵竹刻流派的诞生。自清人金元钰提出金陵竹刻系濮仲谦所创后，后人、包括当代学术界多沿袭此观点。而对于在濮氏之前的李耀的作用和地位，则有争议。笔者以为，李、濮二人均应同为金陵派竹刻的创始人”。认为“（濮仲谦）每件作品均匠心独运，讲究因材制宜、就形取势施刻。无论品类，都以极其简练的手法略施勾凿，妙趣自成，时人视为至宝。各种史料对其溢美极高。世人得其一件作品，不论大小何物，都获利丰厚。当时仅金陵城城南三山街一带以此致富者就多达数十人，而他自己却不重钱财，只知沉醉于竹刻创作，生活清贫。正是由于他这种忘我献身于艺术的精神，才使明末金陵竹刻取得了突出的艺术成就”。

对于竹刻艺术的关注和研究，笔筒一直是热点，代表性文章主要有陈玉寅在1959年第9期《文物》所著《濮仲谦、朱松邻竹刻笔筒》，施远在2008年第1期《收藏家》所著《巧镌�筒主管城　明清竹刻笔筒艺术概说》，张晓颖在2002年第11期《东南文化》所著《竹刻笔筒》，陈志学在2002年第8期《四川文物》所著《四川省博物馆藏竹雕笔筒》，万新华在2005年第12期《收藏家》所著《南京博物院藏竹雕笔筒》，这些文章都提到了各博物馆所藏的濮仲谦款笔筒，并进行一定的研究。

除笔筒外，濮仲谦款识的臂搁、扇骨也有专文研究，代表文章有两篇，一篇是2011年潘耀发表在《文物鉴定与鉴赏》的《濮仲谦款山水人物图竹雕臂搁赏析》；一篇是1990年天津艺术博物馆李世霞发表在《文物》的《介绍两件濮仲谦刻竹扇骨》，讲到这两件扇骨藏于天津艺术博物馆（现并入天津博物馆），系“出土于河北省一座明墓内”。李世霞在文中说“作者时年41岁，正是壮年有为之时，从这两件扇骨看，其技艺已相当高超。两件扇骨所雕画面布局相似，仅是内容不同。刀工简练纯熟，游刃自如。所雕梅花、水仙、兰花虽寥寥数刀，却栩栩有生意。所刻诗句字体潇洒飘逸，俊俏秀丽。诗、书、画相互应发，一派诗情画意，给人以香远益清的高雅之感。方寸之间，小中见大，充分表现出濮仲谦精妙绝伦的雕竹技艺和深厚的书法、绘画功力”。与李世霞文内容相近的是李清波发表在《大匠之门》的《忽忽如风》文中称：“迄今发现最早的扇刻是天津博物馆藏濮仲谦刻扇两柄，为河北一座明代墓葬出土。两均刻于明天启二年（1622），一柄扇骨制式为和尚头，长度31厘米，排口2厘米，股数为16方。一面扇骨上部刻梅花一枝，花下阴刻行书七言诗两行：‘雪满山中高士卧，月明林下美人来。’反面中部刻梅，其上落行书款‘壬戌中秋月制，仲谦’，款下刻篆书‘可登’印一方。另一柄扇骨为古方制式，长度为32.3厘米，排口2厘米，股数16方。一边骨上刻盛开的水仙花，花下刻行书七言诗句‘月明阶下窗纱薄，多少清香透入来’；另边骨上刻兰花，花下刻行书款‘壬戌秋八月制，仲谦’，并刻‘可登’印一方。二骨所刻画面技法均为隐起阳文，书法为阴刻。用刀简练纯熟，其刀痕有线有面，能表现出书画的笔情墨趣。广义的浅刻也包括了阳文类中极浅的浮雕，濮氏的浅刻就是如此。但他的风格均能于简率中见朴拙之致，不以工细争胜，书卷气十足，不愧为‘浅刻’一派的开山祖。”

苏州大学2017年硕士研究生张云林在其毕业论文《江南竹刻艺术发展研究》中认为：“江南竹刻艺术至明代中期，已经趋于成熟。江南地区的竹刻可以说，分布着中国竹刻艺术中独树一帜的著名流派，以‘嘉定派’‘金陵派’‘浙派’‘徽派’‘常州留青’等派系为主，而且带有明显的地域风格和原创性。”同时认为：“金陵派竹雕自濮澄创立后，得其真传，或直接受其影响者屈指可数。在濮澄之后，又有潘西凤、方洁的成就最为卓著，所以说被后人视作金陵派艺术承传的两大支柱。但随后，因嘉定派竹雕在各地盛行，而遭到一定的冲击，影响式微。”

另外，黄友华在2003年第3期《南方文物》上发表《漫话竹刻艺术及历代名家》，杨哲在2008年第10期《淮北煤炭师范学院学报（哲学社会科学版）》上发表《明代竹雕的制作工艺和艺术价值》，林华在2015年第5期《东方收藏》撰文《明清竹雕渐入收藏视野》，刘进在2017年第5期《东方收藏》撰文《民族文化的宝贵遗产：两岸故宫所藏明代竹雕珍品》，张德和在2017年第10期《中国文化》上发表《浙江的竹根艺术》，也简单论及濮仲谦及其技艺。

第九章　文化遗产保护视野下的金陵竹刻

20世纪以来，随着社会的发展，人们对于自身所创造的文化知识和艺术工艺有着越来越丰富和深刻的认识，世界各国逐渐加大对自身遗产的保护力度。二战后，国际社会通过了很多有关文化遗产保护的公约，这些公约主要集中在传统的物质文化遗产保护领域。其中最著名的是联合国教科文组织1972年通过的《保护世界文化和自然遗产公约》、1978年通过的《关于保护可移动文化财产的建议》。在迈向21世纪的过程中，在社会取得巨大发展的同时，人类对自身历史、文化和精神进行了新的审视和反思。世界上许多国家和民族迫切思考在全球化与经济一体化背后的文化趋同的形势下，如何保持民族文化特质，促进民族发展、延续民族精神和保持民族文化特性。中国是个文明古国，也是文化大国，从石器时代、邦国时代到近现代，中华文明一直绵延不断。中华民族的文化遗产，无论物质的还是非物质的都丰富多彩，深刻而厚重。

长期以来，我国一直注重对有形的物质文化遗产的保护，1961年国务院公布的《文物保护管理暂行条例》，是中华人民共和国成立以来我国保护文物古迹的综合性法规。1982年又制定《中华人民共和国文物保护法》，逐渐形成和完善了文物保护法律法规体系。历年来，国家大量培养专业的文博考古人员，设立遍布全国的省、市、县各级博物馆和各具特色的专业博物馆，以大量文物实物为基础建立中国古代文化谱系的框架，在国内外进行普遍的文物文化宣传，一系列保护发展举措取得了举世瞩目的成绩。一代代的文化遗产工作者进行收集、整理和研究，取得了很高的成就。但对于无形的非物质文化遗产和民间工艺传承及传承人的重视和研究不够，虽有一些高校和研究机构做过民俗学、民族学的一些相关研究，但由于种种原因，相关资料保存较少，更缺乏从国家层面进行的统一规划研究。从非物质文化遗产保护的角度进行统一规划研究是近10年才开始的，这些工作比国际先行国家落后很多，如在保护制度上，我国2005年才开始“民族民间文化传承人”调查和认证，而早在1950年，日本就在制定《文化财保护法》中首先提出了对“无形文化财”的保护，成为世界上最早提出非物质文化遗产保护理念的国家。中国比日本的“国家文化财”制度落后了50多年，比联合国教科文组织“活的文化财”保护计划也晚了10多年。近年来，国内文化领域深受西方消费文化影响和挤压，许多中华民族的文化遗产逐渐湮没在灯红酒绿之中，但落后并不可怕，我们要奋起直追。文化领域要转守为攻，不再只被动地防守西方消费文化的冲击，而是要依靠中华文明深厚的积淀向世界积极主动地传播中华文化。2003年，文化部启动了“中国民族民间文化保护工程”和“中国民间文化遗产抢救工程”，对非物质文化遗产进行普查和保护。2005年12月，国务院决定从2006年起，每年6月的第二个星期六为中国的“文化遗产日”，文化遗产包括物质文化遗产和非物质文化遗产。物质文化遗产是具有历史、艺术和科学价值的文物。非物质文化遗产是指各种以非物质形态存在的与群众生活密切相关、世代相承的传统文化表现形式，包括口头传统、传统表演艺术、民俗活动和礼仪与节庆、有关自然界和宇宙的民间传统知识和实践、传统手工艺技能等以及与上述传统文化表现形式相关的文化空间。这充分体现了国家对保护文化遗产的高度重视和战略远见，有助于提高人民群众对文化遗产保护重要性的认识，增强全社会的文化遗产保护意识。

竹刻艺术是中国独具特色的传统艺术，它是我国手工艺和民间艺术中的瑰宝，历史悠久。我国有广袤的竹资源，丰富的竹文化，为竹刻艺术提供了源源不断的材料和素材。竹刻艺术在中国南方流传地域广，镌刻技巧易于掌握，运用竹材肌理的自然美，雕凿的书画立体形象，具有强烈的艺术魅力。2006年，竹刻艺术经国务院批准，列入第一批国家级非物质文化遗产名录。

金陵竹刻由明代濮仲谦所创立，历经数百年，蕴含着奇特的东方神韵，凝聚着金陵文化特有的价值观、审美观，浓缩着江南丝竹文化的精致品位，展现着中华民族传统智慧，具有浓厚文人气息和独特艺术风格。

2007年被列为首批南京市非物质文化遗产，2009年被列入省级非物质文化遗产的保护名录。在全社会的共同努力下，金陵竹刻的保护取得了显著成效，有了许多有识之士的关注，得到了一定的研究，也设立了博物馆，确立了传承人。与此同时，也应清醒地看到，当前我国一些文化遗产保护面临着许多问题，形势严峻，不容乐观。以金陵竹刻为例子，金陵竹刻作为传统工艺，面临“后继缺人”的窘境，市场受众也难以拓展。这是因为现代化进程导致人们的生活方式、审美习惯发生了巨大的变化。更多的人不再认识濮仲谦，不再了解金陵竹刻，也无法欣赏竹刻艺术之美。

金陵竹刻是先民留给今人和后人的一份宝贵财富，其中蕴藏着丰富的文化价值和经济价值。在金陵竹刻的保护过程中，一方面应当鼓励各方对非物质遗产的活用，从民俗表演到旅游开发，从工艺品销售到文化创意发展，多手段、全方位地开发非物质文化遗产中的文化价值和经济价值，使非物质文化遗产在弘扬传统文化、振兴民族艺术的同时也为开发人文旅游景观、刺激地方经济发展发挥应有的作用。另一方面，也需要我们持续不断地宣传、弘扬，让这项传统工艺走进校园，走进家庭，走进我们的生活。只有这样，金陵竹刻才能源远流长。

图二十　省级“非遗”保护牌

图二十一　金陵竹刻保护与发展推进会

附录一 《竹尊宧竹刻脞语》

《竹尊宧竹刻脞语》的作者是褚德彝。褚德彝(1871—1942),近代篆刻家、金石考古家。原名德仪,避宣统讳更名德彝,字松窗,号礼堂,浙江余杭(今属杭州)人。善书法篆刻,精考证鉴赏,晚年寓居上海。著作甚丰,对竹刻也有相当高的研究。著有《竹人续录》《竹尊宧竹刻脞语》,另有《散氏盘文集释》《松窗金石文跋尾》《审定故宫金石书画日记》《学隶浅说》《松窗书画编年录》等著作。

《竹人续录》和《竹人录》都是记载竹刻名家和名作的著作。成书于清嘉庆年间的《竹人录》,作者是金元钰,嘉定人,大约生活于清乾隆、嘉庆年间,是清代著名学者钱大昕的弟子。由于作者金元钰是嘉定人,他更推崇竹刻名家中的嘉定派,而对以濮仲谦为代表的金陵派非常贬薄。因此《竹人录》所记70余名竹刻家都是嘉定籍的,其他非嘉定籍竹刻家则不在记录之列。褚德彝为了弥补《竹人录》的这一缺憾,于民国年间著刊《竹人续录》。从史料价值上来讲。《竹人录》和《竹人续录》在竹刻艺术史上都占有相当重要的地位。《竹人续录》辑录诸书中所载竹刻家,间有德彝案语,还记述其所见竹刻作品。卷末另附一卷《竹尊宧竹刻脞语》,皆是与竹刻相关的遗闻佚事。

《竹尊宧竹刻脞语》全文如下:

张佶持湘竹扇骨来,长一尺二寸,斑甚稀,一面仅四五点,就其点作梅,斜枝重叠,仿佛水边疏影也。郑板桥题五言绝句于上角,下角题云:"老桐刻竹,板桥画梅,色泽类鹅油黄。"云从扬州张午桥丙炎家得之。

阿夫容,明代从澳门输入粤东,吸者甚多。嘉庆时林文忠焚之,英遂陷粤省,不得已与之订五口通商之约,国权丧失,外患从此始矣。道光时蔓延沿海各省,龚定庵《庚子杂诗》云:"不枉人呼莲幕客,碧纱橱护阿夫容。”可见流毒之盛矣。余曾见许小岩观察有一烟筒，以竹为之，半刻梅花，乃陈曼生所画。其下半刻铭，仅记其数语，云：“可以破愁城，敌酒兵，故杀敌治果，而以枪名。”竹色黝黑，款云：“曼生自铭并刻。”小岩殁，此物殉矣。

萧山蔡容庄曾客杭州胡雪岩（光镛）家。工刻印，刻竹木极精。曾见其刻《莲花经》签题，凡画五百应真，虽仅露一首，手中各持一物，居中“妙法莲花经”五字正书，长五寸四分，阔二寸，亦奇作也。其邑子王氏乞任渭长画竹扇骨百枋，凡花卉山水、仕女、佛像各种俱备，属容庄刻之。余曾见其拓本，纸墨甚旧，尚是当时所拓也。

嘉定周芷岩刻山水，始用刀作凹凸皴法，后来仿刻者甚少。近见韩蛟门刻山水，亦仿芷岩刻法，雅饬远逊矣。张楫如专刻字，不刻画。偶见其刻扇骨上画水仙，反侧阴阳，悉见笔意，颇有赵彝斋风格。

曾见友人家藏一竹笔架，正面作一山，峰峦突兀，傍二峰稍低，峰腰绕以云气，林木萧森，离离蔚蔚，有山雨欲来状。山麓有一茅庵，柴门深掩，扁“归云”二字作分书，笔法类朱竹垞。岚翠溪瀑，古木丛篁，极复杂之致。庵侧一小门，扁曰“挑云”，松阴掩映之，境极幽邃。有联云：“林深半天雾；松老一山龙”，旁署“退庵主人”。布景、用笔浑古，在耕烟上。相传为三松手制，印章已漫灭不可辨，不知究为何人刻也。又一竹猿，高一寸九分，作坐地攫果状。猿身瘦劲，筋骨毕露，神气栩栩如生，双目炯然有光，类宋易元吉之画。款署背上，行书“珉侯”二字。一盛淡巴菰，合方广一寸，四周刻山水，上题长歌一首，约二百余字，字仅半分许，画法类马钦山，行草类八大山人，款署“奎山废人”。玩其色泽制作，当在明末清初也。（嘉定有奎山，其人必嘉定人也。）

癸丑年在沪，估人持一竹秘阁来，长四寸，刻山水，画法缜密，似王山樵，款书“墨井道人画并刻”。竹色黝黑，以索价太奢，未及购。考渔山入天主教，在嘉定为铎德多年，必尔时所作。《复初斋诗集》四十七：“吴渔山画松石，镌于笔筒，用其韵题之，有‘镌从丙子追壬子’句，注：‘有壬子残腊，王时敏题。’”是墨井刻竹流传不止一件矣。

朱松邻所刻流传极罕，即练川世家藏者亦稀。廿年前在沪见一竹雕无量寿佛像，高仅二寸一二分，须发卷曲，偏袒露右肩，肋骨尽露，蒲团刻偈语四句，末署“朱松邻焚香谨镌”。

周墨山所刻亦不多见。宣统纪元，在禾中旧货摊上购得笔筒，画临水一巨岩，作乱柴皴，旁有蕉林丛篁，一高人趺坐水边坡陀上读书。款题："蕉竹萧凉处，闲看《秋水篇》。"款"墨山"二字，法米漫士。《竹人录》言其专刻蕉竹，洵非虚语。余又藏一诗筒，画梅花一枝，梅花瓣皆分阴阳，刻镂极工。题云："玉鳞寂寂飞斜月，素手亭亭对夕阳。"墨山书草书。旁题云："自是罗浮别有天，一枝雪月映清川。美人家在西泠住，重话相思又隔年。"北平山人正书。左旁题云："青山十亩白，流水一春香。"梦山分书。色作樱桃红，润泽光可鉴人。

张希黄，里贯不可考，据粥古人云是江阴人，然未敢深信也。其名亦无人知者。前在金西厓处见一诗筒，款题"希黄"，下有小方印云"张宗略印"。余所见希黄竹刻大小不下二十余件，皆留青刻，然皆画意板滞，俗气未除。惟光绪戊戌夏在津见李文石观察处一秘阁，长三寸，阔一寸五分，亦留青刻画远山数叠，芦荻一片，近水处村落参差，树木丛杂，芦苇中泊渔舟一二，画意萧远。其中夕阳、炊烟，皆就竹皮之色泽刻成之，与习见者截然不同。款"希黄子"三字，草书，书画皆精妙，无愧巧工。

海宁袁椒孙馨，刻工细，人物最擅长。曾见一秘阁，任渭长画洛神，风鬟雾鬓，眉目端丽，不可亵视，衣褶有吴带当风之妙。上方任竹君临十三行，刀法工细绝伦，足与蔡容庄抗行。

洛阳龙门山造佛像极多，自北魏至唐不下数千躯。大者就巨岩雕凿，小者仅扶寸，可谓极雕刻之大观矣。其中有浅雕一种尤极精妙，吴之璠所刻。余曾藏笔筒画老松二株，枝柯交荫。松下有二马，一马系松下，状甚神骏，一马方就刍，圉人据地择刍秣。一翁负手旁立，手持一鞭，正相马。皆作浮雕，人马意态生动。上题"二骏图"，印"鲁珍"二字。又题云："五花散作云满身，万里方看汗流血。丙子长夏，为兹老道兄写。"吴之璠行书，瘦劲有致。友人鄞县朱启辛藏一秘阁，长五寸余，一美人倚柳树上，丰容盛鬋，衣褶极繁，势欲飞动。柳枝草草以刀划成，似二月中柳，有迎风踠地之态。款"之璠"二小字，行书，亦作浮雕，惜竹色黯黑，绝无光泽耳。鲁珍所刻，仅见此二种。

余于古肆见朱三松制竹根印，上作辟邪纽，极古，印面刻"方外司马"四字，白文，逼似汉官印，款"崇祯庚辰三松制"，可与二京铜印并。陈扬州见潘老桐所制竹根印数方，制纽亦极精，然不及三松之朴雅矣。

余谓刻竹可分二派。一制物，取竹根雕成人物、鸟兽等物，如松邻之制竹罂，封氏之雕各种生物是也。一平刻，平刻中又分阴、阳文二种，其中又别为深刻、浅刻二种。深刻始于明之朱松邻，周芷岩始集其大成，嘉定人多效之。浅刻始于明之濮仲谦、李文甫，后来扬州人多效之。二京之圣贤图像，后魏之雕佛像，亦有浑雕、浮雕二种，皆刻竹家所祖也。

印人所用之刀，口平而方。手民所操之刀口圆而凹，谓之拳刀。刻竹、刻字及平刻各种尚可用平刀，刻人物山水须参用拳刀，凹凸、阴阳、衣摺、皴法方可得神。张楫如先习梓人，刻竹时拳刀与平刀并用，故操纵如意，精妙入神。又能临时自制各种小刀，故地子极平，篆籀各种尤精。又能刻作金石剥蚀之状，他人不能及也。

余在石林山房见一竹制妇人像，以布帕裹首，跨一鹿，衣摺极简古，鹿足趾刻"蒋仁"二楷书，与平日墨迹相类。萧山陈氏藏一小诗筒，奚铁生刻山水。蒋、奚二君刻竹，前人未言及，可补《印人传》之缺。

海宁沈倬章藏旧竹扇骨，色焦黄，刻阳文，留青，一面刻："䴔䴖飞起郡城东。碧江空，半滩风。越王宫殿，蘋叶藕花中。帘卷水楼渔浪起，千片雪，雨濛濛。"其一面云："极浦烟消水鸟飞。离筵分几时，送金卮。渡口杨花，狂雪任风吹。日莫空江波浪急，芳草岸，雨如丝。"调寄《江城子》，草书，狂纵类张东海，疑是明代物。

张辛，字受之，清仪老人之从侄。工刻印，尤精刻竹。余曾见清仪阁旧藏臂阁，一"新篁"二大字，集山谷《伏波神祠诗》真迹、一摹班尊文下苏斋跋、一王虚舟帖、一右军《行穰帖》，皆拓存于《清仪阁集古器物》册中，精妙下真迹一等，皆受之手镌也。后入京师，刻杨忠愍《劾严嵩疏稿》。真迹句橅，穷极心力，遘疾，殁于京师。今其石刻尚存京师驴马市大街虎坊桥杨忠愍祠中。谏草堂壁间留青刻，练水派殊不多觏。近得一竹诗筒，高三寸余，画西府海棠一枝，花萼掩映，画法甚妙，俱留青刻成，款阴文，分书"花萼相辉"四字。"王槩"二字正书，印一圆一方。"安节"二字，色如樱桃红。案《芥子园画传》俱出安节兄弟手绘，此筒当出安节手制，故画意精能，无刻匠习气耳。

陈其年《填词图》，同治初年在某收藏家，名人题诗者百余人。嘉兴张玉山(鸣珂)见之,觅得大竹制一秘阁,属朱寿萱缩临于上,乞竹农刻之。玉山殁后,此物归余。图中迦陵踞坐席上,捋髯执笔作凝思状,旁陈书二函,膝前石砚,水中丞酒尊,花罂旁蕉叶上坐一美人,正吹箫,旁置琵琶,勾勒精妙绝伦。寒松老人填词,足步迦陵后尘,此秘阁亦词家一重公案也。

玉牒瑶华道人弘旿,即皇五子也,画山水追踪耕烟,真迹传世不多见。乌程蒋谷孙兄好学妮古,顷于估人处得御制岁朝咏花诗筹一匣,以竹制成,共八根。每筹长三寸四分,阔五分,形如覆瓦,一面刻花卉一种,一面刻七言诗两句。第一筹一面画迎春花,上题“瑶池春色”,背刻:“已裁金胜排湘萼,谁伴银旙妥碧髾。立春日题。”第二画西府海棠花,上题“西施宫舞”,背题:“西施舞罢添朝倩,妃子扶来解宿酲。春分日题。”第三画石榴花,上书“赤焰烘霞”,背书:“日烘花萼红生火,雨过柔条绿吐烟。夏至日题。”四画紫藤花,题云“紫晶妆台”,背书:“梦思洛浦婵娟态,人记瑶台淡净妆。立夏日题。”五画末利,上题“倚阑香子”,背书:“羞将姿媚随花谱,爱伴孤高上月评。立秋日题。”六画桂花,题云“云外飘香”,背书:“仙友自传丹竈术,状元须作锦衣游。秋分日题。”七画山查花,题云“庭柯寻丈”,背书:“庭中栽得紫荆树,十月花开不待春。立冬日题。”八画蜡梅花,题云“闻香觅句”,御题“乾隆”二篆书联珠方印,右下角“臣弘旿恭绘并刻”,“臣旿”二篆书联珠方印,背书:“宓妃浸诧凌波步,海殿徒翻半额妆。冬至日题。”“臣旿”篆书小联珠小方印。八筹竹色明润,作鹅油黄,刻镂精妙,想见承平时文物之盛。

截竹为筒,圆径一寸或七八分,高三寸余,置之案头或花下,分题斋中咏物零星诗稿,置之是中,谓之诗筒,明末清初最多。圆径相同,长七八寸者,用檀木作底盖,以铜作胆,刻山水人物,地镂空,置名香于内焚之,香气喷溢,置书案问或衾枕旁,补香篝之不足,名曰香筒。国初至乾、嘉极尚之,所见周芷岩刻山水者极多。迨古刺水自澳门输入,晶罂金罐,沾溉巾帨,香筒遂归淘汰矣。

《竹人录》载王有香、张宏裕为余制竹刻小像诗,又有王雪海竹刻小像诗,惜未见之。余曾见方治庵刻六舟《庐山行脚图》小像,刻于竹秘阁,凸起分许,神气栩栩,与六舟自画《剔蹬图》小像相同。吴兴金北楼尝绘其尊公沁园先生小像于竹秘阁,其弟西厓刻之,阴阳向背,传神阿堵,见者皆言其逼肖，洵称绝技。以竹肤写真，较铸金刻石更为古雅矣。

周芷岩所作秘阁、诗筒、笔尊、棋合，模山范水，真书草圣，所见无虑数十件。瞿友以竹雕东方朔像见示，高一寸六分，眉日高古，长髯披拂，宽袍广袖，右手握桃，左手按膝，滑稽神态现于眉目间，衣摺精妙绝伦，足以济美松邻，左足履下有芷岩小印，极精。

邓云樵(渭)工于刻字，张叔未亦言其刻字之精。《清仪阁集古器物文》册中有一笔筒，书甚妍雅，空处刻"清仪阁珍藏"小印。余亦曾得小笔筒，高三寸，缩临《禊序》全文，殊有定武遗意，色如樱桃，莹泽可玩。近得其小诗筒，刻秋菘一窠，作薄地阳文，茎叶反侧，校笔画更为精妙。曾记张查客藏周芷岩刻画菜笔筒，色如黄玉，以云樵所刻较之，亦可与芷岩颉颃也。

松邻所作，余仅见南翔某氏之佛像，及风雨楼所藏之秘阁，剩水残山，颇有马一角风味。友人以雕件见示，古松一，虬枝古干，颇似宋人画法。旁有湖石嶙峋，一老者坐石磴，右手执一卷，左手执羽扇，道貌岸然，似沉吟玩味状。松身近根处"小松"二篆书，石磴用叠糕皴，刀法极简，古雅有味。坚斋谓其"刻竹为古仙佛，鉴者比于吴道子"，气洵非虚语。

濮仲谦，《初月楼闻见集》言其技艺之巧夺天工，其竹器一帚、一刷，勾勒数刀，便与凡异。数年前曾得其竹扇骨，刻双松缠茑萝，纠结不断，浅刻款"仲谦"二字，然此种刻法似未足云巧也。顷得一竹笔筒，高三寸余，刻作一老松，松身霜皮重叠，磥砢如數百年古松状，旁干斜出，针鬣掩覆树腔，稍空处二老正展画幅共观。一老者在旁，手握如意，俯身审视，身后二僮，一手持一杖，一在后窥伺，眉目意态，各各不同。入手色泽莹洁，不知其为竹也。松节下有"仲谦制"三字，浑古朴雅，灭尽斧凿痕。练水竹人中惟松邻足与抗手，刻竹至此，叹观止矣。且收藏得所，色如黄玉，丝毫无损，尤为难得。因援竹罂草堂例，名所居曰"竹尊宧"。

附录二
与濮仲谦同时代及后世部分竹刻名家作品

一、明　代

1. 明　朱松邻雕松鹤图竹笔筒

2. 明　朱小松雕竹根佛手

3. 明　张希黄竹刻山水图臂搁

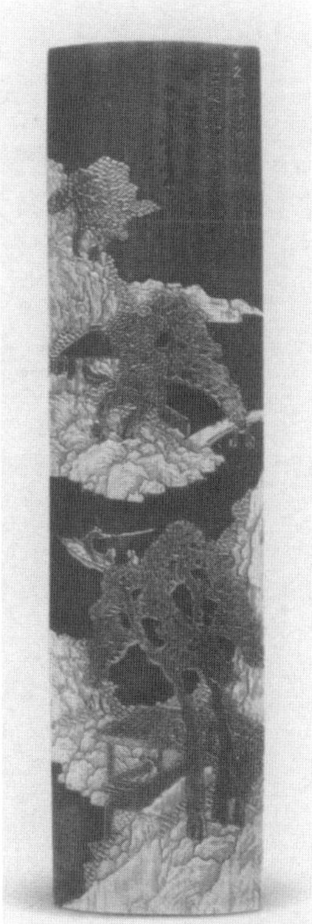

4. 明　于蒨秋塘浮游图竹臂搁

5. 明　秦一爵竹根盘松杯

6. 明　沈大生竹刻笔筒

二、清　代

7. 清　侯峭曾竹根雕翼兽

8. 清　朱三松雕仕女图竹笔筒

9. 清　顾宗玉雕竹笔筒

10. 清　朱文右和合莲瓣图竹笔筒

11. 清　沈全林竹雕草虫白菜图笔筒

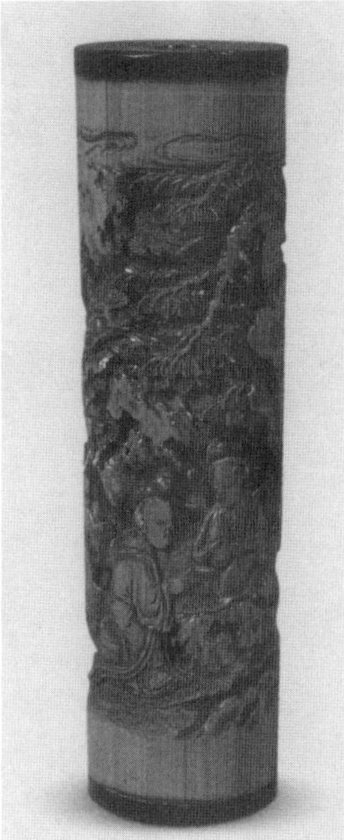

12. 清　庄绶纶仕女共读图竹香筒

13. 清　吴之璠竹雕刘海戏蟾图笔筒

14. 清　周芷岩雕溪云山阁笔筒

15. 清　潘西凤雕竹根笔筒

16. 清　方洁雕竹武侯像臂搁

17. 清　尚勋竹雕竹林七贤笔筒

18. 清　邓孚嘉竹根雕摆件

19. 清　封锡禄竹雕指日高升图笔筒

20. 清　封锡爵竹雕白菜笔筒

21. 清　封始豳竹雕醉翁

22. 清　封颖谷竹雕赤壁泛舟图笔筒

23. 清　邓渭雕行楷诗文笔筒

24. 清　王梅邻泛舟图笔筒

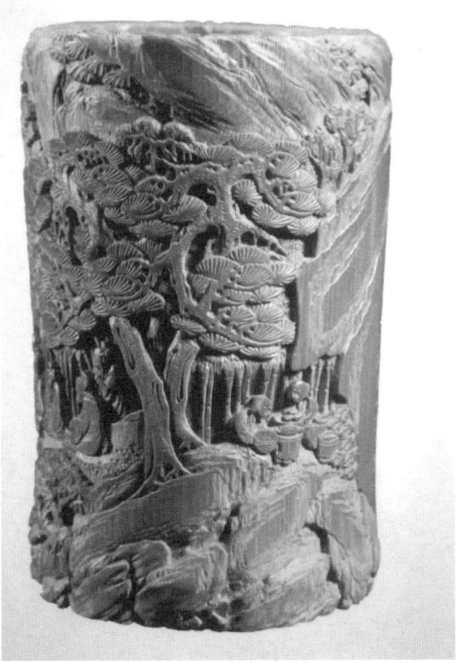

25. 清　时澄之竹雕笔筒

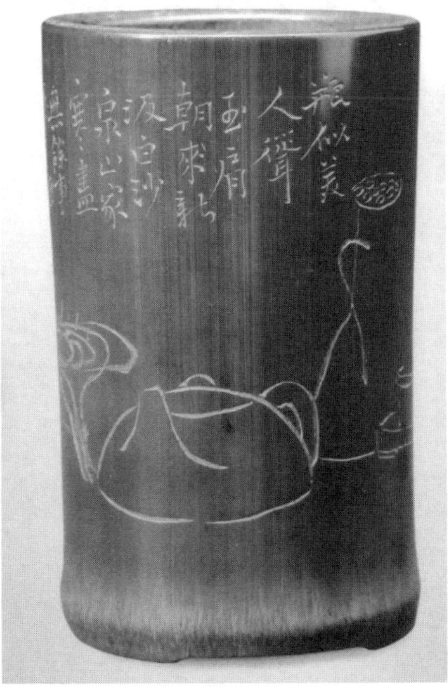

26. 清　韩潮竹刻笔筒

27. 清　王易竹雕滚马图笔筒

28. 清　杨谦竹雕采芝图臂搁

29. 清　李希乔雕溪山行旅图竹笔筒

30. 清　王玘竹刻竹节形臂搁

31. 清　蔡时敏竹根雕东方朔

32. 清　孙漱石制汉铭曲式竹笔筒

33. 清　马国珍竹雕笔筒

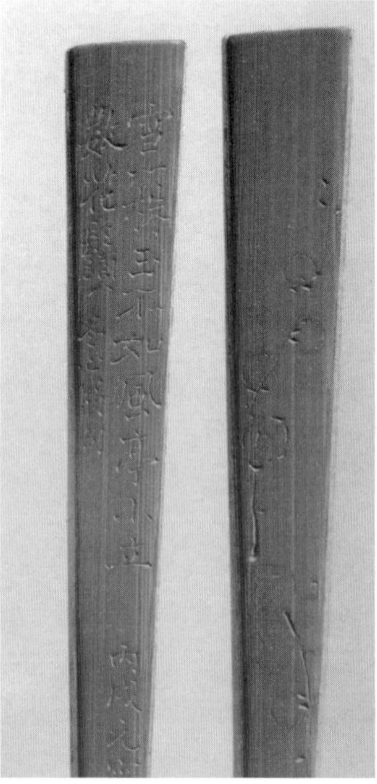

34. 清　杨龙石竹刻扇骨

三、近 现 代

35. 民国　金绍坊竹刻臂搁

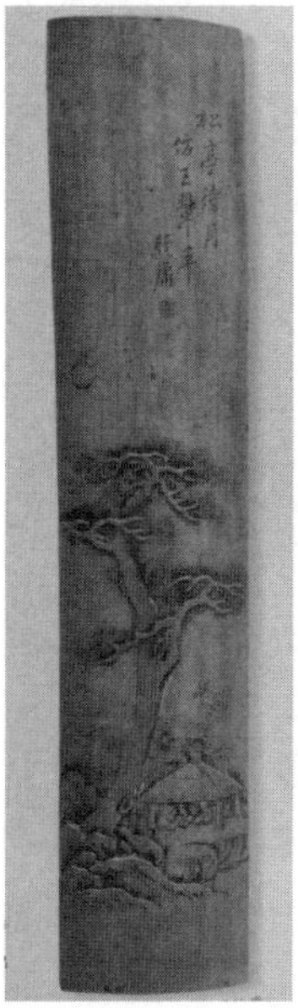

36. 民国　潘行庸竹刻臂搁

37. 近代　张契之竹刻石鼓文扇骨

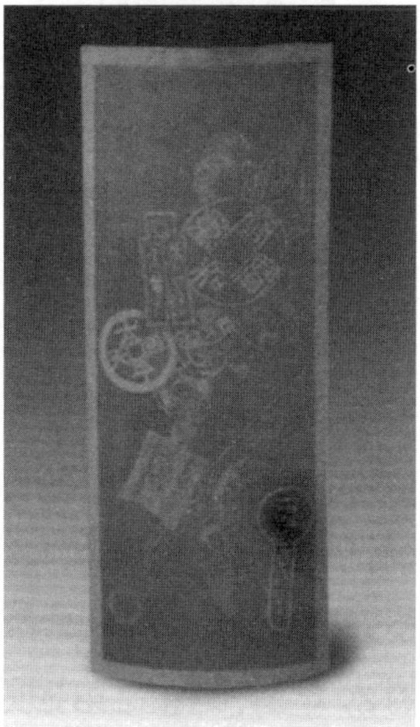

38. 近代　支慈庵留青竹刻古泉十五种臂搁

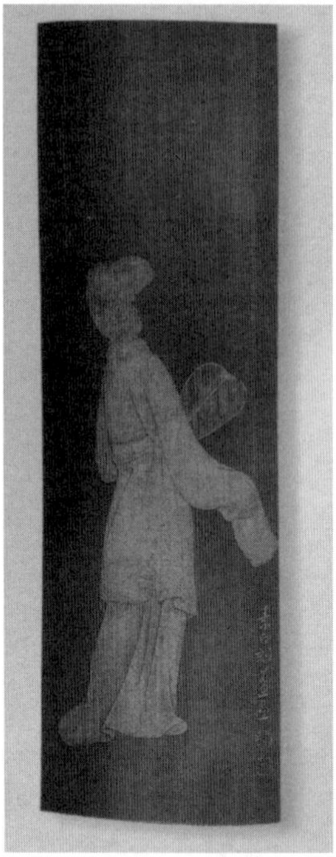

39. 现代　徐素白刻臂搁

40. 现代　徐秉方竹刻臂搁

41. 现代　范遥青竹刻臂搁

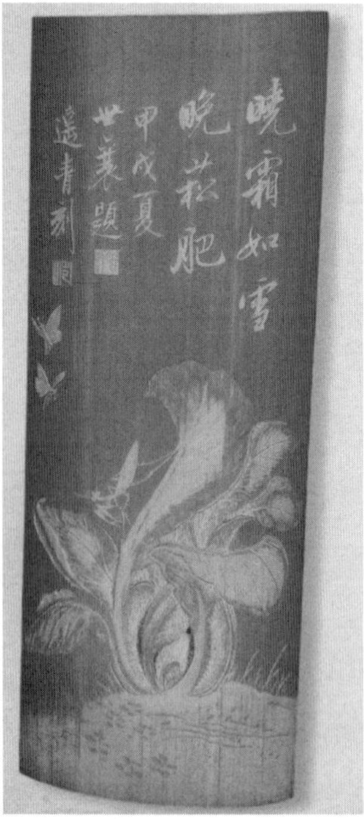

42. 现代　张英媛留青竹刻丹柿小鸟臂搁

后　记

2016年的一天，我在南京博物院朝天宫库区参加全国第一次可移动文物普查，中午出来吃饭，巧遇在南京市文化遗产研究所工作的邵磊研究员。我们上次见面还是半年前一同应邀在科举博物馆鉴定文物，多日不见，十分亲热。寒暄之后，邵先生言及正组织稿件，在编几位与南京有关的历史文化名人的丛书，多数人物小传已有人执笔，有一竹刻家濮仲谦尚无人写，正好我长期在文博系统研究杂项文物，对竹木牙角雕很熟悉，问我有无兴趣写。我过去虽然对濮仲谦的作品有一点研究，对濮仲谦其人应该说也有一定的了解，但一谈到写“传”，毕竟不是一件容易的事。颇为踌躇，好在邵磊先生十分鼓励，给的时间也很充裕，我于是就答应下来。

真正动笔，发现材料首先就是一个很大的问题。不仅濮仲谦的记载太少，作品也不多，有些需要考证和引证，因此，写得很不顺。期间数次出差又应邀参加几次学术讨论会，忙于讨论会文章等杂事，累计耽搁了大半年。另外，本书要求文字要尽量追求简洁精炼，不致让读者感到枯燥。当然，这又是一件很难为的工作，尤其要照顾多层次读者，毕竟不是一件容易的事。现在磕磕绊绊终于写完了，自己觉得已尽最大努力了。

要写一本书，当然需要有自己一些新的看法，这实在也很不容易，我这本书除了在濮仲谦生平方面有些地方提出了自己的见解之外，对于一些作品的艺术思想的理解及个别作品技法方面也提出了自己的意见。这些大多体现在行文中了。另外主要的一点是我把濮仲谦的一生思想理出一个脉络来，比较能够更确切地说明濮仲谦的精神世界和美学追求；这个观点一经拿来解释濮仲谦的作品，也是很容易说通的，而且容易让人明白。文中也引用了一些学者的成果，限于本书的编辑体例，没有一一列出，在此谨致谢意。

最后我还要对出版社的同志表达感谢之情。没有他们反复地审阅和辛勤地编辑，这本小书是不可能面世的。

杨海涛

2019年6月18日